Wolfgang Schnepper I Manfred Claßen

# F-Jugend/ E-Jugendtraining

www.kinder-training.info

**über 100 effektive Übungen**

**Die Autoren:**
**Manfred Claßen**, Jahrgang 1966,
1980-1983 mehrfacher Juniorenauswahlspieler,
er erhielt zu der Zeit ein Angebot des
Bundesligisten Bayer Uerdingen,
1984 komplizierte Sprunggelenksverletzung und
das Ende seiner aktiven Spielzeit,
Fußballabitur 1986 mit der Note "sehr gut",
Trainer 1992-1996 zusammen mit Diplom-Sportlehrer
Wolfgang Schnepper im Gesundheitsstudio in Willich
2004 bis heute Jugendtrainer, 2010 gründete er die
Informationsseite www.fussball-taktik.info

**Wolfgang Schnepper**, Jahrgang 1964, Diplomsportlehrer,
Ex-Bezirksligaspieler im Fußball,
1988-89 in der deutschen Triathlonspitze,
1990 Bayerischer Meister im Body-Building,
1998 Konditionstrainer im bezahlten Fußball

Bibliografische Informationen der Deutschen
Nationalbibliothek: Die Deutsche Nationalbibliothek
verzeichnet diese Publikation in der Deutschen
Nationalbibliografie; detaillierte bibliografische Daten sind
im Internet über http://dnb.d-nb.de abrufbar.

©2016 Manfred Claßen / Wolfgang Schnepper
Herstellung und Verlag: Books on Demand GmbH
Norderstedt
Satz und Layout: Manfred Claßen
Grafiken und Bilder: Manfred Claßen, coachfx
Covergrafik: © Bigstock

ISBN 978-3-7412-0783-9

 # Inhalt

Vorwort ............8

Taktik im Kinderfußball ............12
Ausgangssituation ............12

Merkmale von F- und E-Jugend ............14
  Persönlichkeitsmerkmale von
  F- und E-Jugend ............14
  Ziele des F- und E-Jugendfußballs ............14

Betreueraufgaben ............15
  Betreueraufgaben (Trainer/in)
  für F- und E-Jugend ............15

Spielregeln ............17
  Spielfeldgröße (Lage) für die F-Jugend ............17
  Spieregeln für die F-Jugend ............18
  Spielfeldgröße (Lage) für die E-Jugend ............19
  Spielregeln für die E-Jugend ............20

Trainingseinheiten für die F- und E-Jugend ............20

Allgemeiner Aufbau des F- und E-Jugendtrainings ............22
  Übungen im Stationentraining ............23
  Übungen fast ohne fußballspezifischen Hintergrund ....26
    Kettenfangspiel ............26
    Wettlauf ............27
    Aufwärmübung/ Wurfübung/
    Geschicklichkeit ............29

# Inhalt

| | |
|---|---|
| Topübung zum Techniktraining | 30 |
| Völkerball | 31 |
| Hockey | 32 |

**Dribbel-, Finten- und Torschussübungen usw.** ...34
| | |
|---|---|
| Dribbeln mit Torabschluss | 34 |
| Liniendribbeln | 35 |
| Dribbeln und Passen | 36 |
| Diverse Torschussübungen | 37 |
| Passübung 1 für den Trainingsanfang | 41 |
| Passübung 2 für den Trainingsanfang | 43 |
| Leichte Torschussübung | 43 |
| Übungsreihe zur Schulung des Innenseitstoßes | 44 |
| Anspruchsvolle Übung für die ältere E-Jugend | 47 |
| Flanken aus einer Spielkombination | 49 |
| Pass, Ballannahme und Torschuss unter Bedrängnis | 50 |
| Angriff 2 gegen 1 mit Torabschluss | 52 |
| Mehrere Dribbelübungen in Wettkampfform oder mit Torschuss | 53 |
| Weitere Dribbel- und Torschussübungen | 59 |
| Kleine Übungsreihe für Finten | 61 |
| Diverse Torschussübungen ab E-Jugend | 66 |
| Kopfballtraining? | 82 |
| Flankentraining auch mit Kopfballabschluss | 84 |

# Inhalt

**Abschlussspiele in unterschiedlichster Form** .........88
    Abschlussspiele ...............................................88
    Abschlussspiele mit leichten taktischen oder
    technischen Vorgaben für F- und E-Jugend .........89

**Abschlussspiele ab der E-Jugend** ....................91

**Konditionübungen für E-Jugend / F-Jugend** ............105

**Literaturverzeichnis** ....................................113

**Notizen** ..................................................114

 **Vorwort**

**Vorwort**

Trainer/innen und Übungsleiter/innen haben in Bezug auf F-Jugend und E-Jugend eine extrem große Verantwortung, die von vielen Erwachsenen vollkommen unterschätzt wird.
Noch niemals zuvor haben so viele Mädchen und Jungen bereits im Vorschulalter Fußball gespielt. Wenn wir die Kinder in diesem Alter begeistern wollen, muss das Training vom ersten Moment an Spaß machen.
Wenn wir allerdings Inhalte und Methoden aus dem Jugendbereich auf den Kinderfußball kopieren, erreichen wir genau das Gegenteil und die Anzahl fußballspielender Kinder schrumpft in meinem Verein zusehends.
Die ersten Eindrücke des Sport- bzw. Fußballvereins sind entscheidend für den sportlichen Werdegang der Kinder.
Bei einem fehlerhaften Verhalten des Trainers, der Eltern, der Betreuer usw. können die kleinen Sportler einen negativen ersten Eindruck bekommen, unvorteilhafte Erfahrungen sammeln und im schlechtesten Fall eine Aversion gegen jeden Fußballverein aufbauen.
Hier erkennen wir die große Bedeutung des richtigen Verhaltens von Trainern und Betreuern, die oftmals überhaupt keine Ausbildung, kein fachspezifisches Wissen oder Menschenkenntnis (hier in Bezug auf Kinder) besitzen.

Früher wurden Vorschulkinder und Kinder häufig in Turn- oder Leichtathletikvereine geschickt, um die körperliche Entwicklung zu fördern und Bewegungsmängel vorzubeugen (manchmal bekannten sich Kinder dann erst

 **Vorwort**

viele Jahre später zu anderen Sportarten, bei Jungen war es meistens der Fußballverein).
Die Kinder absolvierten dort Lauf-, Wurf- oder leichte Sprungübungen. Sie turnten und wrden mit leichten Ballspielen vertraut gemacht und auch das Fußballspielen war dabei.
Eine vielseitige motorische und muskuläre Entwicklung war also gewährleistet.

Im Kinder- und Jugendbereich benötigen wir qualifizierte Kräfte (es muss natürlich keine offizielle Ausbildung sein), um pädagogisch und methodisch sinvoll zu agieren.

Heute kommen immer mehr Kinder direkt zum Fußball, was für die Trainer/innen eine große Verantwortung für das gesundheitliche Wohl der Kinder bedeutet. Ausgebildet für diese Tätigkeit sind nur wenige Übungsleiter/innen.

Der fußballerische Aspekt steht bei der F- und E-Jugend, im Gegensatz zu den Bambinis, immer mehr im Vordergrund. Weiterhin wird aber auf eine vielseitige Ausbildung, in Form von Laufen, Springen, Werfen, Ballspiele und Spiele unterschiedlichster Art, Wert gelegt. Die Kinder sollen hier eine grundlegende sportliche Ausbildung bekommen, wobei der Spaßfaktor und die Gemeinschaft im Vordergrund stehen. Hiermit wird die Basis für die weitere sportliche und soziale Entwicklung gelegt.

 # Vorwort

Auch in der F- und E-Jugend müssen die Kinder das Gefühl vermittelt bekommen, dass sie von der Gemeinschaft gebraucht werden (was ja auch so ist), dass jeder ein wichtiges Mitglied der Mannschaft ist (unabhängig von der Leistung), und dass jeder Spieler ein gleiches Maß an Lob und Anerkennung von Eltern, Betreuern und Trainern verdient.

Der Trainer/in hat nun auch die wichtige Aufgabe, geschickt und freundlich allzu ehrgeizige Eltern zu mäßigen, den Leistungsdruck fast ganz herauszunehmen (bei Bambinis) oder den Leistungsfaktor in einem angemessenen Rahmen zu halten (F- und E-Jugend). Wettkampfspiele sind mit einem großen Spaßfaktor zu belegen und es wird überwiegend in kleinen Gruppen gespielt.

# Vorwort

**Merke: In der F- und E-Jugend treten "Spiele mit Spielplatzcharakter" in den Hintergrund und das fussballspezifische Training wird immer weiter ausgebaut. Eine vielseitige sportliche Entwicklung wird nun z.B. auch durch den Schulsport gefördert. Fangspiele, Staffeln, „fußballfremde" Ballspiele usw. sollten aber weiterhin gelegentlich im Training eingebaut werden.**

**Wir haben es weiterhin mit Kindern zu tun, die spielen und Spaß haben wollen.**

**Schwierige technische Übungen, hohe konditionelle Belastungen (z.B. langes Einlaufen oder weite Sprints), die Schulung irgendeiner komplizierten Taktik, lange Erklärungen und aufkommende Langeweile haben bei der F- und E-Jugend nichts zu suchen.**

Die vielseitige sportliche Betätigung und das Spielen in Gruppen ist unabdingbar für die Entwicklung der Motorik, Schulung von Sozialverhalten und Empathie, die Vorbeugung von Haltungsschwächen und -schäden und die Förderung einer sportlichen und menschlichen Persönlichkeit.
Die Übungen und Spiele dürfen für die F- und E-Jugend nicht zu schwierig sein und auch keine zu hohe Konzentration erfordern, da die Kinder sonst zu schnell ermüden.

# Taktik im Kinderfußball

**Ausgangssituation**

Leider sieht man fast bei jeder F- und E-Jugendmannschaft immer wieder eine Tendenz der Trainer, ihre Spieler mit starren Positionen zu belegen. Es heißt dann: "Du spielst hinten rechts", "Du hinten links" usw.. Im Spiel hört man dann: "Bleib hinten" oder "bleib vorne" etc.
Warum wird das so gemacht?
Warum versuchen Trainer den jüngsten Mannschaften eine solche Struktur zu geben?

>Was versprechen sich diese Trainer davon?
>Wir wissen es nicht!!!

Machen wir mal einen großen Sprung in den **Jugend-bzw. Seniorenbereich.**
Hier versucht mittlerweile fast jeder Trainer, seine Mannschaft modern spielen zu lassen. Es wird in der Regel sehr viel Wert auf taktische Verhaltensweisen gelegt. Geprägt wird der moderne Fußball besonders durch zwei elementare Verhaltensweisen:

1. ballorientiertes Verschieben
2. Abkehr von der Manndeckung

Kommen wir zurück zum **Kinderfußball**:
Durch die oben angesprochene Reglementierung der Spieler wird genau das verhindert, was wir später wieder mühsam trainieren müssen, und zwar ballorientiertes Verschieben und

 # Taktik im Kinderfußball

Raumdeckung, Übergeben, Übernehmen etc.

Lässt man die Kinder einfach intuitiv ihr Spiel machen, sehen wir Folgendes:
Alle Spieler der Mannschaft (egal, ob Ballbesitz oder nicht) verschieben Richtung Ball. Mit anderen Worten: Alle laufen hinter dem Ball her. Keiner (Ausnahme sind Kinder, die z.B. Blümchen pflücken oder Sonstiges) bleibt irgendwo starr auf seiner Position. Alle haben Spaß und sind in ständiger Bewegung. Manndeckung gibt es bei diesem System nicht! Das heißt natürlich nicht, dass die Spieler keine Positionen bekleiden sollen. Vielmehr geht es darum, ihnen so viele Freiräume zu geben, wie möglich. Praktisch bedeutet dies, dass jeder Spieler (z.B. ein Abwehrspieler) sich ständig mit nach vorne und hinten einschalten sollte. Es reicht, einem Abwehrspieler zu sagen: "Wenn der Gegner den Ball hat, läufst du bitte nach hinten". Unsere Erfahrung hat gezeigt, dass Bambini -und F-Jugendspieler dies nach relativ kurzer Zeit umsetzen können.

# Merkmale von F-Jugend/E-Jugend

### Persönlichkeitsmerkmale von F- und E-Jugend

Die Eigenschaften von F- und E-Jugend sind relativ identisch. Die Koordination, Konzentrationsfähigkeit und die Muskulatur sind noch relativ schwach ausgebildet.
Die Kinder haben in diesem Alter einen hohen Bewegungsdrang, scheinbar unendliche Spielfreude und begeistern sich am Wettspiel mit anderen Kindern.
Weiterhin übernehmen Eltern, Betreuer und Trainer eine hohe Vorbildfunktion für die Kleinen.

### Ziele des F- und E-Jugendfußballs

Das Trainieren der Fußballgrundtechniken, das Grundlagentraining für Koordination und Kondition und die Förderung des Spaßes am Fußball, stehen ganz oben auf dem Trainingsprogramm.
Jedes Kind wird gelobt und damit sein Selbstvertrauen gestärkt. Die Wichtigkeit der Gemeinschaft wird immer wieder betont, und die Spielphilosophie ist ganz einfach „Tore erzielen und Tore verhindern".

# Betreueraufgaben

### Betreueraufgaben (Trainer/in) für F- und E-Jugend

- Nur, wenn die Erwachsenen den Kindern mit Offenheit, Herzlichkeit und eigener Begeisterung begegnen, fühlen sich die Kinder wohl und sind gut aufgehoben.
- Die Kinder werden immer wieder gelobt und motiviert.
- Positive Werte und Charaktereigenschaften vorleben!
- Spaß und Freude vermitteln, Motivation wecken – eine eigene Begeisterung für das Fußballspielen vorleben.
- Schlechte Leistungen von Kindern werden nicht kritisiert.
- Allzu ehrgeizige Eltern werden vom Trainer oder der Trainerin freundlich aber bestimmend gedämpft.
- Negative Zurufe von den Zuschauern und Eltern an die Kinder, den Schiedsrichter, die Betreuer oder den Trainer bzw. Trainerin sind zu unterlassen. Hier müssen die Betreuer und Trainer freundlich eingreifen.
- Jedem Kind wird der gleiche Respekt zugesprochen.
- Gefährliche Übungen werden im Kindertraining nicht eingesetzt, wie Kopfballtraining mit harten Bällen oder Tacklingübungen von hinten oder der Seite.
- Eine kurze Besprechung vor einem Spiel ist vollkommen ausreichend.
- Jedes Kind darf längere Zeit spielen, hierbei wird nie auf Spielstand oder sogar Taktik geachtet.

## Betreueraufgaben

- Bei einem Foulspiel wird den Kindern erklärt, was nicht richtig war.
- Der Trainer oder die Trainerin begrüßen und verabschieden die Kinder immer innerhalb der ganzen Gruppe.
- Die Kinder werden immer angefeuert und bei Toren oder Auswechslungen sollte abgeklatscht werden.
- In der Halbzeitpause den Kindern immer Getränke anbieten. Die Halbzeitansprache ist sehr kurz und die Kinder werden dabei persönlich aufmunternd angesprochen.
- Genügend Zeit zum Einspielen sollte immer gegeben sein.
- Die Kinder werden immer für ihre Stärken gelobt, aber nicht auf ihre Schwächen angesprochen (das kommt dann später bei den Jugendlichen noch früh genug).
- Trainer und Betreuer wirken als Vorbilder für Kinder.
- Trainer im Kinderfußball sind nicht nur Technik- oder Taktikvermittler. Sie sind auch Tröster, Streitschlichter, Spaßmacher, Erzieher und Freund.
- Sensibilität für Probleme von Kindern zeigen und Lösungsmöglichkeiten finden.

# SPIELREGELN

**Spielfeldgröße (Lage) für die F-Jugend**

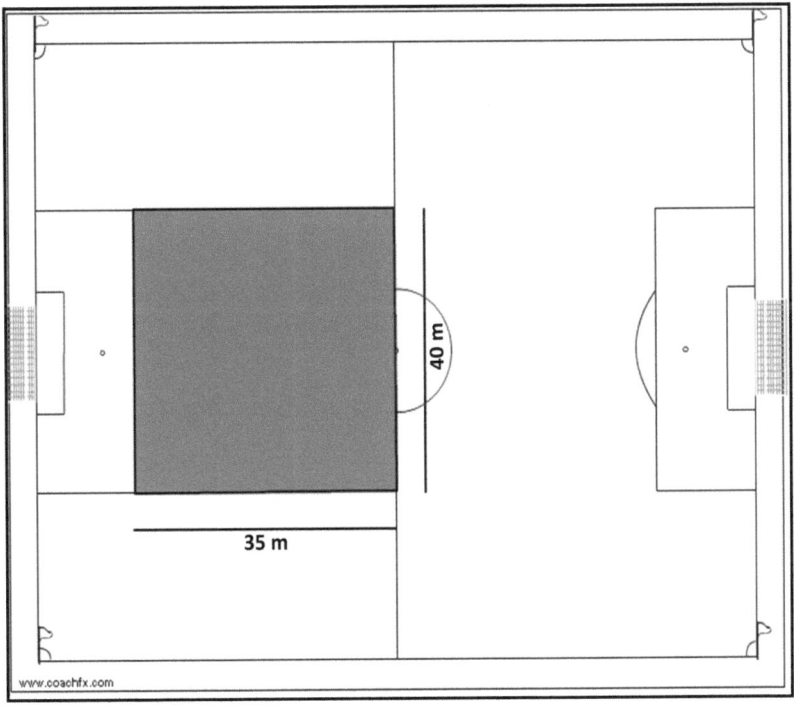

Anzahl der Spieler:  bis zu 7 Spieler/ Spielerinnen (incl. Torhüter) pro Mannschaft
Tormaß:  bis zu 5 x 2 Meter
Spielfeld-Größe:  40 x 35 Meter

Das Spielfeld ist auf zwei Seiten durch eine Strafraum- und die Mittellinie begrenzt, um einen "Liniensalat" auf dem Fußballfeld zu verhindern. Die anderen Linien können durch Markierungsteller ersetzt werden.

# SPIELREGELN

## Spielregeln für die F-Jugend

- Alter der Spieler:
F-Jugend (U 9/U 8): F-Junioren einer Spielzeit sind Spieler, die im Kalenderjahr, in dem das Spieljahr beginnt, das 7. oder das 8. Lebensjahr vollenden oder vollendet haben.
- Eine Veranstaltung mit Spielfestcharakter sollte nicht länger als drei Stunden dauern.
Spielrunden: Mannschaften können zu Freundschaftsspielrunden gemeldet und vom Kreisjugendausschuss organisiert werden.
- Spielerzahl: 7 : 7 mit beliebigem Ein- und Auswechseln
- Spielfeld: ca. 40 m x 35 m bei F- Junioren
Außenlinien können mit „Hütchen" markiert werden.
Tore: höchstens 5 m x 2 m mit absolut stabilem Stand
- Spieldauer: max. 2 x 20 min.
Max. Spielzeit pro Mannschaft bei einem Turnier: 80 min.
- Spielball: Größe 4 (290 g)
- Keine Abseitsregel und keine Rückpassregel
- Abstoß: aus der Hand oder vom Boden
- Einwurf: Ein falscher Einwurf wird nicht geahndet, sondern nur der Fehler erklärt.

# SPIELREGELN

- Regelwidriges Spiel: Regelwidrigkeit erklären, Freistoß nur direkt, Strafstoß (8 m) (nur bei schweren Vergehen)
- Spielleiter: Stellen die beteiligten Vereine
- Eine notwendige Entscheidung wird durch Verlängerung und/oder Achtmeterschießen herbei geführt.

**Spielfeldgröße (Lage) für die E-Jugend**

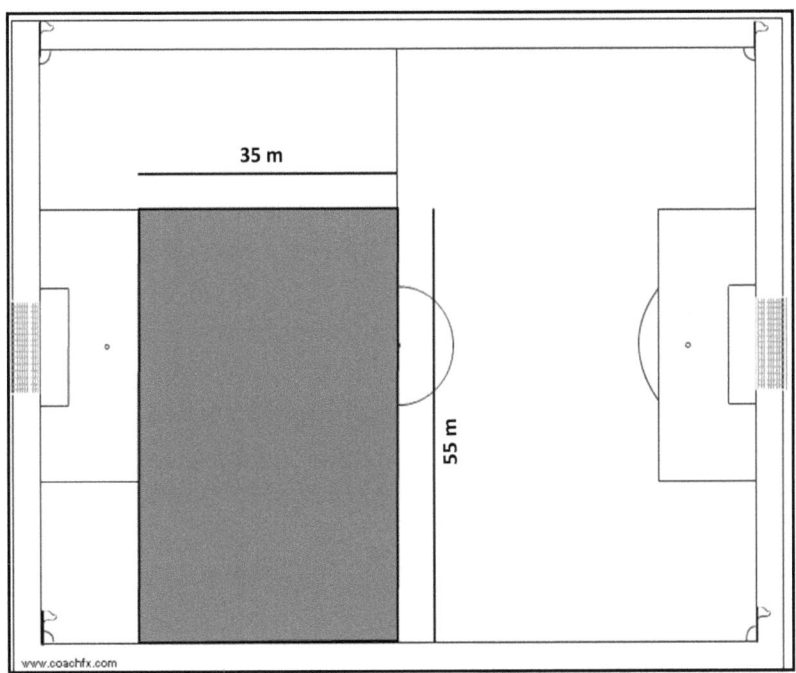

Anzahl der Spieler: 7 gegen 7 (inklusive Torhüter)
Größe der Tore: 5 Meter breit, 2 Meter hoch
Spielfeld-Größe: etwa 35 x 55 Meter

# SPIELREGELN

### Spielregeln für die E-Jugend

- Die Abseitsregel ist aufgehoben.
- Die Rückpassregel für den Torwart existiert nicht.
- Es gibt nur direkte Freistöße und der Strafstoß (nur bei schweren Vergehen) erfolgt aus 8 m Torentfernung.
- Der Abstoß kann auch abgeworfen werden.
- Es gibt keine Karten, sondern der Regelverstoß wird kurz erläutert.
- Wiederholtes Ein- und Auswechseln, auch der gleichen Spieler, ist erlaubt.
- E-Junioren: Leichtspielball Größe 5 (290 g)
- E-Junioren einer Spielzeit sind Spieler, die im Kalenderjahr, in dem das Spieljahr beginnt, das 9. oder das 10. Lebensjahr vollenden oder vollendet haben.
- Die Spieldauer beträgt 2 x 25 Minuten.
- Eine notwendige Entscheidung wird durch Verlängerung und/oder Achtmeterschießen herbei geführt.
- Den Spielleiter stellen die beteiligten Vereine.

### Trainingseinheiten für F- und E-Jugend

**Dauerte bei den Bambini eine Trainingseinheit noch 60 Minuten, wird diese in der F-Jugend auf 70 – 80 Minuten und in der E-Jugend auf 80 – 90 Minuten verlängert.**

# Trainingseinheiten für F- und E-Jugend

**Warum sollte eine Trainingseinheit in der F-Jugend 80 Minuten nicht überschreiten?**

Wie schon erwähnt, ermüden die Kleinen schnell, die Muskulatur ist noch schwach ausgebildet, die Leistungsvoraussetzungen sind sehr unterschiedlich und die Konzentrationsfähigkeit ist noch sehr gering.
Wichtig ist, dass jede größere Überforderung der Kinder vermieden werden muss.
Bei den ersten Anzeichen von Ermüdungen bei einem Kind, wird dieses geschickt im weiteren Trainingsverlauf geschont.

Auch dürfen wir nicht vergessen, dass Kinder ein ganz anderes Zeitempfinden haben. Eine Stunde konzentriertes Bewegen und Spielen der Bambini/F-Jugend ist gleichzusetzen mit drei Stunden Training für Erwachsene.
Besondere Vorsicht ist bei hohen Außentemperaturen geboten. Ausreichend Getränke müssen bereit stehen, und es werden immer wieder Pausen im Schatten eingelegt.
Bei extremen Außentemperaturen werden nur Spiele locker im Schatten absolviert.

**Merke: Der Trainer oder die Trainerin hat eine hohe Verantwortung gegenüber den Spielern. Bei extremen Wetterlagen wie Hitze und hohe Ozonwerte oder Sturm mit Regen sollte genau überlegt werden, ob und wo das Training stattfindet.**

 ## Allgemeiner Aufbau des F- und E-Jugendtrainings

- Es gibt kein gezieltes Aufwärmprogramm. Vor jeder Trainingseinheit dürfen sich die Kinder, sofort mit oder ohne Ball (wie jeder will), in der Gruppe oder Einzeln, frei bewegen. Kinder in dieser Altersklasse müssen und wollen sich sofort austoben.

- Im weiteren Verlauf werden Grundlagen der Balltechnik, Motorik und ab der E-Jugend auch schon leichte athletische Übungen trainiert. Nicht sportartspezifische Fang- und Ballspiele treten, vor allem in der E-Jugend, in den Hintergrund. Eine allgemeine sportliche Ausbildung wird jetzt auch vom Schulsport unterstützt. Gänzlich sollten aber diese Spiele und Wettkämpfe nicht aus dem Training entfernt werden. Beispiele dieser Übungsreihen werden hier nicht mehr aufgeführt.

- Im Techniktraining werden nicht immer die gleichen Übungen eingebaut, sondern Abwechslung ist hier angesagt, in häufiger Verbindung mit Wettkämpfen.

- Leichte Erklärungen, leicht verständliche Übungen und geringe Wartezeiten sind unbedingt erforderlich. Die Kinder brauchen häufigen Ballkontakt und viel Bewegung.

- Stationentraining in kleinen Gruppen sollte oft erfolgen.
Bereits in der F-Jugend kann durchaus ein Stationentraining eingesetzt werden. Die Übungen sollten leicht verständlich sein und kurz und präzise erklärt werden. Der Übungsaufbau darf nicht viel Zeit in Anspruch nehmen und

# Allgemeiner Aufbau des F- und E-Jugendtrainings

die Kinder nicht langweilen oder nerven. Am besten ist es, der Trainer baut die Stationen schon vor dem Training auf. Bei den meisten Übungen sollten sowieso nur Bälle eingebaut werden. Die Übungsdauer an den jeweiligen Stationen wird auf maximal 5 Minuten begrenzt.

Hier geben wir Beispiele für mögliche Übungen im **Stationentraining**, möchten aber betonen, dass man hier der Phantasie freien Lauf lassen kann. Die hier vorgestellten Übungen wurden von uns noch nicht alle im Training eingebaut, aber grundsätzlich hat sich das Stationentraining in der F- und E-Jugend bewährt und den technischen Leistungsanstieg tatsächlich beschleunigt.

**Mögliche Übungen im Stationentraining:**
(3 – 4 Personen pro Übung, der Trainer sorgt bei einigen Übungen dafür, dass die jeweiligen Positionen in den Übungen rechtzeitig gewechselt werden).

a) Ein Spieler wirft den Ball aus kurzer Entfernung zu, der andere soll den Ball mit der Seite oder dem Spann zurückspielen, abwechselnd links und rechts. Der Ball sollte maximal in Kniehöhe zugeworfen werden.

b) In einem abgesteckten Feld spielen sich die Kinder die Bälle flach und direkt zu, und müssen dabei abwechselnd den linken und rechten Fuß einsetzen. Der Pass erfolgt mit der Innenseite und wird relativ hart und präzise geschossen. Der Abstand der Spieler beträgt 5 – 10 Meter.

c) Es erfolgt ein Einwurfwettbewerb auf Weite oder

# Allgemeiner Aufbau des F- und E-Jugendtrainings

Genauigkeit. Ein Kind wirft auf Weite oder in ein kleines abgestecktes Feld. Die anderen markieren die erzielte Weite mit einer Pylone und stoppen den Ball. Bei einem Wettbewerb auf Genauigkeit bekommt der jeweilige Spieler einen Punkt, wenn er in das abgesteckte Feld trifft. Derjenige mit den meisten Punkten oder der größten Weite, hat bei dem nächsten Stationenwechsel gewonnen. Der Trainer achtet hin und wieder auf die korrekte Ausführung des Einwurfs (die Unterstützung von Betreuern in einem Stationentraining ist in der F- und E-Jugend von großem Nutzen).

d) An dieser Station wird ein Elfmeterwettkampf durchgeführt. Ein kleines Tor steht vor dem großen Tor. Verschossene Bälle landen so meistens im großen Tor und die Laufwege sind verkürzt. Ein Spieler steht im Tor, zwei oder drei Spieler beginnen mit dem Elfmeterschießen. Begonnen wird aus einer Entfernung von sieben Metern. Der Schütze, der verschossen hat, tauscht mit dem Torwart. Bei der Verwandlung eines Elfmeters schießt der nächste Schütze aus acht Metern, wird dieser verwandelt, geht es wieder ein Meter zurück usw. Wird ein Elfmeter gehalten, wird er um einen Meter vorverlegt, aber nicht näher als sieben Meter.

e) Hier werden Torschuss- und Freistoßübungen in allen möglichen Variationen in der kleinen Gruppe trainiert, wie z.B. mit Doppelpass oder Dribbeln durch Fahnenstangen vor dem Torschuss und auch Direktabnahmen nach einer kurzen Ecke. Hierbei kann ohne Torwart oder mit einem festen

# Allgemeiner Aufbau des F- und E-Jugendtrainings

Torwart trainiert werden.

f) Die Spieler schießen sich den Ball hoch zu und stehen dabei mit dem größtmöglichen Abstand zueinander. Das angespielte Kind soll den Ball sicher stoppen und zum nächsten Spieler passen.

g) Fußballspiele zum Schluss des Trainings sind Pflicht, hierauf freuen sich die Kleinen ganz besonders. Es sollte in Gruppen, von „4 gegen 4" bis „6 gegen 6", gespielt werden, damit häufige Ballkontakte garantiert sind.

# Übungen fast ohne fußball-spezifischen Hintergrund

## Kettenfangspiel

Die ganze Halle ist Fanggebiet. Ein Spieler ist der Fänger.
**Übungsablauf:**

Die Spieler verteilen sich in der Halle. Der Fänger versucht einen Spieler zu fangen. Gelingt dieses, gibt es 2 Fänger, die sich an der Hand halten müssen, um den nächsten Spieler zu fangen. Die Kette wird immer größer, bis der letzte Spieler gefangen ist.
In der Halle bereitet diese Übung den Kleinen einen noch viel größeren Spaß als im Freien. Die Übung kann bei andauerndem Spaßfaktor ruhig mehrmals gespielt werden.

**Variation:** Die Übung startet mit zwei Fängern und es bilden sich dann natürlich zwei Ketten. Die Kette mit den meisten Kindern hat zum Schluss gewonnen.

 # Übungen fast ohne fußballspezifischen Hintergrund

### Wettlauf

Die nächste Übung beinhaltet eine schöne Wettkampfübung in Staffelform. Sie ist für die Halle und auch den Sportplatz gut geeignet. Sie macht den F- und E-Jugendlichen enorm viel Spaß. Es werden zwei Gruppen gebildet, die etwa fünf Meter voneinander entfernt stehen. Die jeweiligen Gruppenmitglieder stehen kurz hintereinander in einer Reihe. Vor jeder Gruppe werden jeweils vier bis fünf Pylonen oder Fahnenstangen in einem Abstand von einem Meter in einer Reihe aufgestellt. Danach werden jeweils drei bis fünf Gymnastikreifen direkt in einer Reihe aneinandergelegt. Einige Meter dahinter wird wiederum jeweils eine Pylone oder Fahnenstange hingestellt.

**Ablauf:** Die Startläufer jeder Gruppe laufen auf ein Startsignal hin los, Slalom durch die Pylonen oder Fahnenstangen, mit jeweils einem Fußaufsatz in die Gymnastikreifen weiter zur und um die letzte Pylone, und dann mit einem vollen Sprint zurück zum Start. Hier wird der nächste Läufer abgeklatscht, und rennt los mit der gleichen Aufgabe. Die Gruppe, die zuerst alle Sprinter wieder im Ziel hat, ist natürlich Sieger.

Beim nächsten Wettkampf müssen die Spieler einen Ball in den Händen tragen und im Ziel jeweils dem nächsten Kind übergeben, das erst dann wieder starten darf usw.

Beim letzten Wettkampf wird der Schwierigkeitsgrad noch einmal wesentlich erhöht. Nun muss der Ball Slalom durch die Fahnenstangen gedribbelt werden. Dann wird er

 # Übungen fast ohne fußball-spezifischen Hintergrund

aufgehoben, und muss einmal in jeden Gymnastikreifen geprellt und wieder gefangen werden. D.h., der Ball wird einmal im ersten Reifen geprellt und gefangen. Nun stellt das Kind sich in den ersten Reifen, und prellt in den Zweiten. Jetzt stellt es sich in den Zweiten, und prellt in den dritten Reifen usw.

Nach dem letzten Gymnastikreifen wird der Ball auf den Boden gelegt, um die letzte Pylone oder Fahnenstange mit dem Fuß geführt, und dann zurück gedribbelt zum nächsten Läufer usw.

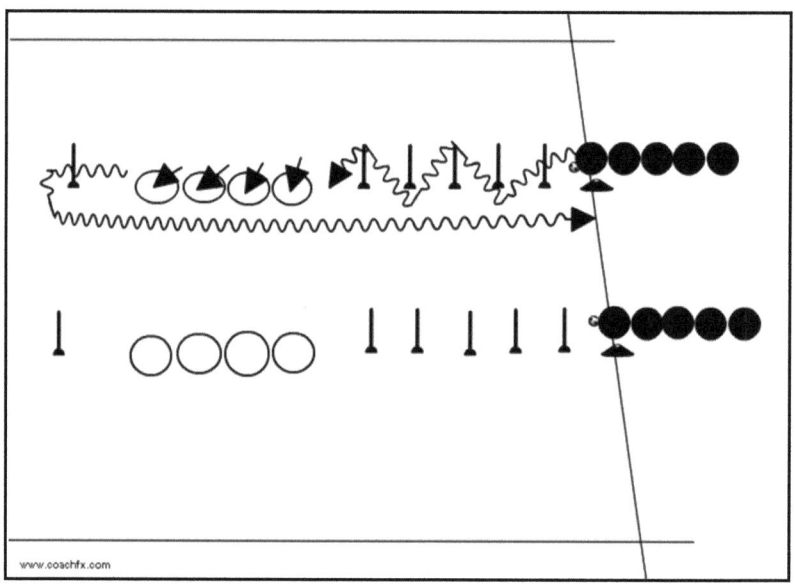

 # Übungen fast ohne fußballspezifischen Hintergrund

### Aufwärmübung / Wurfübung / Geschicklichkeit

Wir benötigen 3 – 5 Schaumstoffbälle mindestens in Tennisballgröße. In einem begrenzten Feld versuchen sich die Kinder gegenseitig abzuwerfen. Mit dem Ball in der Hand darf man höchstens fünf Schritte laufen (Schrittanzahl wird der Menge und der Größe des Raumes angepasst) und muss dann zügig werfen. Getroffene Kinder verlassen die Spielfläche und haben nun die Aufgabe, mit den Betreuern die aus dem Spielbereich geworfenen Bälle, ins Spielfeld zurückzubefördern. Geworfene Bälle werden so schnell wie möglich aufgehoben, und wieder wird versucht, jemanden abzuwerfen. Die letzten zwei oder drei Kinder sind die Sieger. Ein absoluter Sieger wird nicht ausgespielt, weil sonst die Spieldauer zu lang und langweilig für die ausgeschiedenen Kinder ist. Die Übung wird in der Regel zwei- oder dreimal wiederholt.

# Übungen fast ohne fußball-spezifischen Hintergrund

### Topübung zum Techniktraining

Die nächste Übung ist eine elementare Technikübung, und sollte erst ab der E-Jugend praktiziert werden.

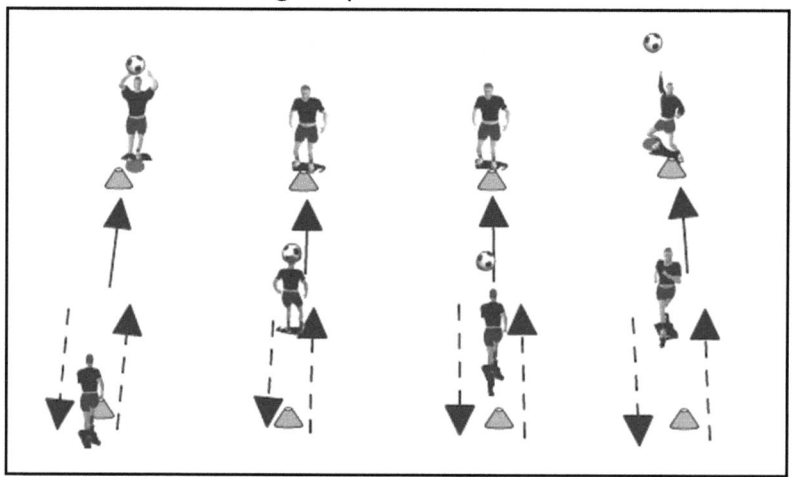

**Unsere Topübung zum Techniktraining ab der älteren E-Jugend**

Nahezu jede der hier aufgeführten Schuss- und Kopfballtechniken kann mit dieser Übung trainiert werden.

**Übungsaufbau:**
2 Hütchen werden im Abstand von 15 bis 20 Metern aufgestellt. Jedes Hütchen wird mit einem Spieler besetzt. Eine Seite mit Ball, die andere ohne Ball.

**Übungsablauf:**
Der Spieler ohne Ball trabt in Richtung seines Übungspartners, der ihm den Ball z.B. hüfthoch

# Übungen fast ohne fußballspezifischen Hintergrund

entgegenwirft. (Der Ball sollte so geworfen werden, dass er ca. 5 Meter vor dem Werfenden angenommen oder zurückgespielt werden kann.) Der Spieler ohne Ball spielt den Ball, in unserem Beispiel, direkt mit dem Innenriss zurück. Danach trabt er wieder in Richtung seines Hütchens und wendet an diesem. Jetzt läuft er wieder in Richtung seines Übungspartners und wiederholt die Übung 5 - 10 mal. Danach werden die Aufgaben getauscht. Hier können viele Techniken geschult werden mit je 5 - 10 Wiederholungen. Zwischen den einzelnen Übungen kann der Aufbau für einen Wettkampf genutzt werden. Hier startet ein Spieler (mit oder ohne Ball) in Richtung seines Übungspartners und wendet an dessen Hütchen. Danach läuft er wieder zurück und wendet am eigenen Hütchen.
Welches Team schafft in einer Minute die meisten Runden? Danach geht es wieder weiter mit der nächsten Technikschulung usw.

### Völkerball

Zur Abwechslung wird heute einmal Völkerball gespielt. Die Feldgröße bestimmt sich aus Wurfkraft und Anzahl der Kinder. Am Anfang hat jede Mannschaft drei Werfer außerhalb des Feldes, je einer an der gegnerischen Grundlinie. Die Kinder, die abgeworfen wurden, gesellen sich zu den eigenen Werfern und dürfen mit abwerfen. Sind alle Kinder einer Mannschaft getroffen, müssen die drei Startwerfer ins Feld. Diese haben aber drei Leben, d.h. sie müssen dreimal getroffen werden, bevor sie ausscheiden.

# Übungen fast ohne fußball-spezifischen Hintergrund

Die Mannschaft, die zuerst komplett abgeworfen wird, ist der Verlierer.
Bei diesem Spiel setzen wir nur sehr weiche Bälle (z.B. Schaumstoffbälle) ein, und erhöhen die Dynamik des Spiels mit einem Einsatz von zwei Bällen gleichzeitig.

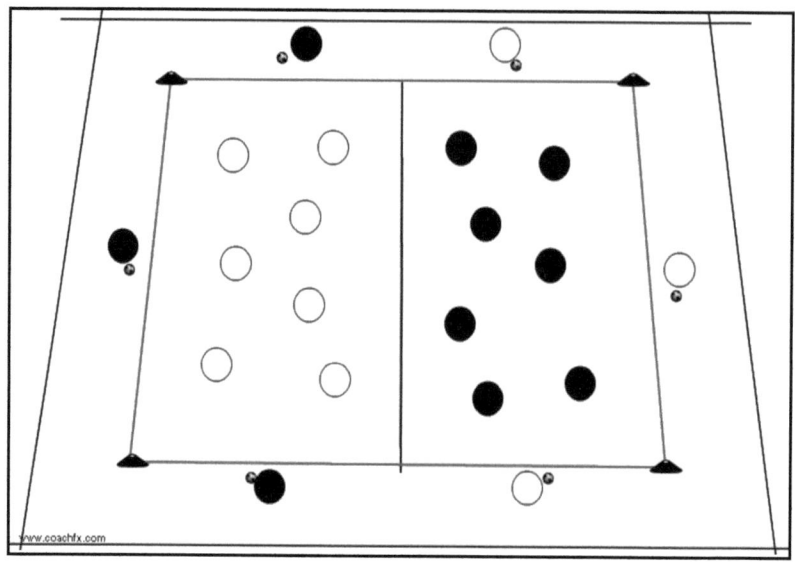

### Hockey

Die hier beschriebene Übung eignet sich hervorragend zum Aufwärmen und zur Vorbereitung von Dribblingübungen. Es werden zwei Mannschaften gebildet, deren Spieler hintereinander stehen. Beide Mannschaften stehen dabei etwa 5 Meter auseinander. Die Startläufer haben einen Hockeyschläger und einen Hockey- oder Tennisball. Vor ihnen sind jeweils 5 Pylonen hintereinander (Abstand jeweils 2 Meter) aufgebaut.

 # Übungen fast ohne fußballspezifischen Hintergrund

Auf Kommando führen die Startläufer die Bälle mit dem Schläger Slalom durch die Markierungshütchen. Zurück geht es mit einem Sprint (natürlich mit Schläger und Ballführung), Schläger und Ball werden an der Startlinie an den nächsten Spieler weitergereicht usw.
Welche Mannschaft hat zuerst alle Spieler wieder über die Startlinie gebracht?

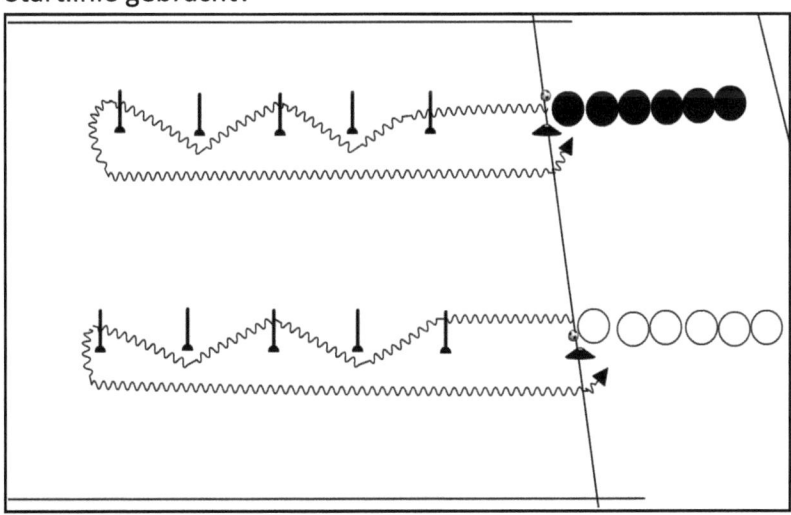

Nach dieser Aufwärmübung wird natürlich dieser Wettkampf mit einem Fußball und entsprechender Ballführung mit dem Fuß wiederholt.
Hierauf folgend bieten sich natürlich weitere Dribbling- und Fintenübungen im Hauptteil an.

**Merke: Aus Sicherheitsgründen empfehlen wir, niemals ein „richtiges" Hockeyspiel im Training durchzuführen. Die Gründe dafür dürften offensichtlich sein.**

# Dribbel-, Finten- und Torschussübungen usw.

### Dribbling mit Torabschluss

Je nach Spieleranzahl werden ein bis zwei 20 x 10 m große Felder errichtet (siehe untere Abbildung). Jedes Feld mit zwei besetzten Jugendtoren bestückt.

An der rechten Torauslinie beider Tore stehen mehrere Kinder mit jeweils einem Ball hintereinander. Das jeweils erste Kind dribbelt auf das gegenüberliegende Tor zu und schießt aus einer Entfernung von 7 – 15 Metern auf das Tor. Die Entfernung ist vom Alter und der Schusskraft abhängig. Danach holen die Kinder ihren Ball zurück und stellen sich auf der anderen Seite wieder an.

Nach einigen Minuten wird aus dieser Übung ein Wettkampf erklärt:

Welches Kind erzielt zuerst fünf Tore?

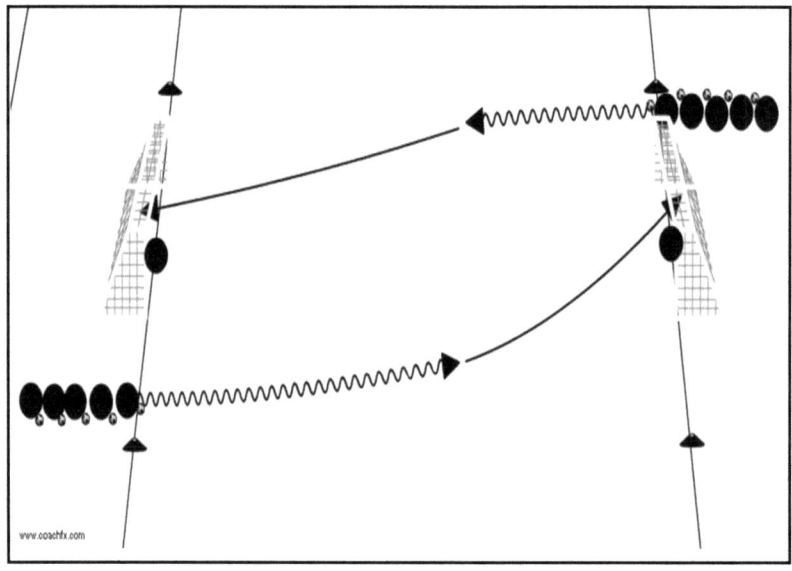

# Dribbel-, Finten- und Torschussübungen usw.

### Liniendribbeln

**Übungsaufbau und Ablauf:** siehe Grafik

Die hellen Spieler versuchen ihre jeweilige Linie zu verteidigen. Die dunklen Spieler versuchen durch beide Linien zu dribbeln.

Gelingt dieses, gibt es 2 Punkte.

Wird nur eine Linie durchdribbelt, gibt es einen Punkt, sonst keinen. Nach einiger Zeit werden die Aufgaben gewechselt. Welches Team bekommt die meisten Punkte?

# Dribbel-, Finten- und Torschussübungen usw.

Nun beschreiben wir eine Übung zum Dribbeln und Passen.

**Übungsaufbau und Ablauf:** siehe Grafik
Es werden Paare mit jeweils einem Ball gebildet.
Der Spieler mit Ball dribbelt zum nächsten Hütchentor und passt dem mitgelaufenen Partner den Ball durch das Hütchentor zu.
Dieser dribbelt jetzt zum nächsten Hütchentor und passt den Ball wieder durch das Tor zum Mitspieler usw.

 # Dribbel-, Finten- und Torschussübungen usw.

### Diverse Torschussübungen

Bei der folgenden Übung werden zwei besetzte Jugendtore, zwei Koordinationsleitern oder viele Stäbe (lange Bänder gehen auch) benötigt (siehe folgende Abbildung).
20 – 25 Meter vor jedem Tor stehen die Fußballer hintereinander in einer Reihe. Die ersten Spieler jeder Gruppe laufen an, nach einigen Metern müssen sie kleine Trippelschritte, möglichst schnell, durch die Koordinationsleiter (bzw. Bänder, Stangen) absolvieren. Nach dem Trippeln werden sie von einem Anspieler mit einem Ball bedient, und schießen aus etwa 10 – 15 Metern auf das Tor. Die Torentfernung richtet sich natürlich nach der vorhandenen Schusskraft.
Nach dem Schuss läuft der nächste Spieler an, und der Schütze bringt den Ball zum Anspieler zurück.

**Variation:** Vor der Koordinationsleiter werden noch mehrere Markierungshütchen hintereinander, und in einem Abstand von etwa einem Meter aufgebaut. Diese sollen vor der Koordinationsleiter mit höchster Geschwindigkeit in Slalomform durchlaufen werden.

**Zusätzliche Variationen:**

- Die Übung wird in Wettkampfform gespielt. Welche Mannschaft erzielt zuerst 10 Tore?

- Es darf nur mit dem linken Fuß geschossen werden.

 # Dribbel-, Finten- und Torschussübungen usw.

- Die Schusstechnik wird vorgegeben usw.

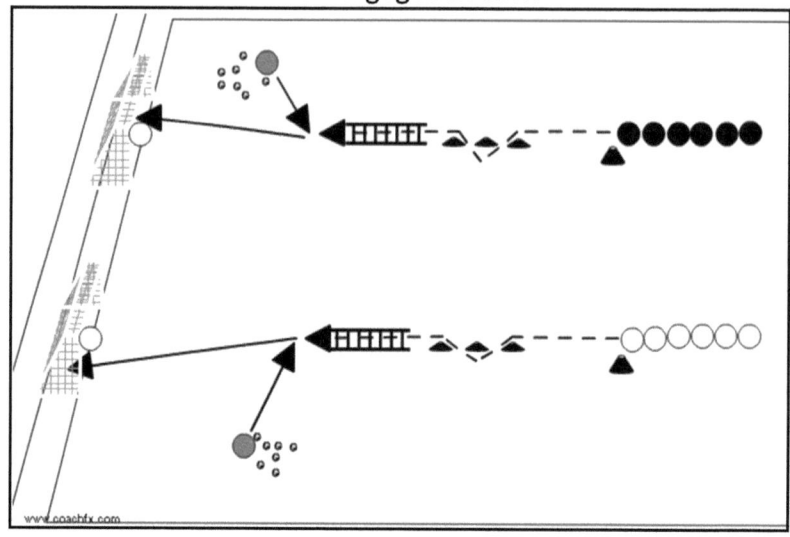

- Die nächsten drei Übungen beinhalten ein **Schusstraining unter Bedrängnis**.

Die Spieler stehen etwa 30 Meter vor dem Tor (mit Torwart) in zwei Gruppen hintereinander und 2 – 3 Meter auseinander. Dazwischen steht der Trainer oder die Trainerin mit vielen Bällen und schießt einen Ball möglichst gerade Richtung Tor mit entsprechender Stärke (die Kinder sollen den Ball ja spätestens 10 Meter vor dem Tor bekommen). Die beiden ersten Fußballer jeder Gruppe kämpfen nun um den Ball und sollen schnell den Torabschluss suchen. Danach bringen sie den Ball zum Trainer zurück und stellen sich hinten wieder an. Die Übungsdauer wird auf 5 – 6 Minuten (gilt auch für die folgenden Übungen) begrenzt und muss in

# Dribbel-, Finten- und Torschussübungen usw.

schneller Abfolge durchgeführt werden. Bei sehr vielen Kindern wird ein zweites Tor mit Torwart eingesetzt (Betreuer oder Elternteil springt hier mit ein).

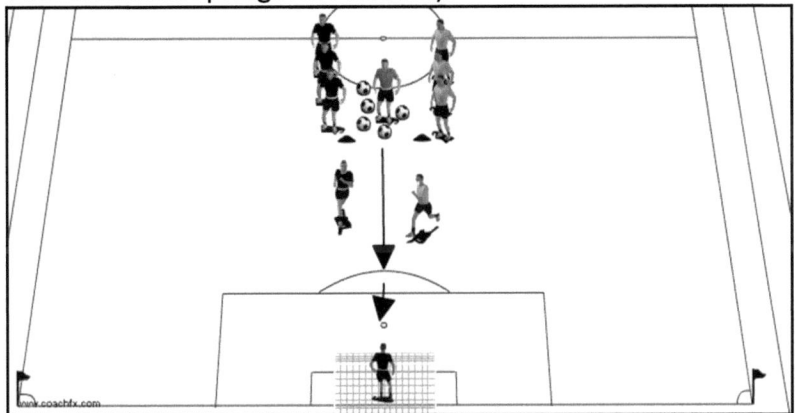

- Zwei Hütchen werden versetzt etwa 30 Meter vor dem Tor aufgestellt und wieder zwei Gruppen gebildet. Auf ein Trainerkommando starten die ersten Spieler jeder Gruppe. Der weiße Spieler mit Ball sucht den Torabschluss, der Schwarze versucht, ihn daran zu hindern oder sogar selbst abzuschließen.

 # Dribbel-, Finten- und Torschussübungen usw.

- Die beiden ersten Spieler starten auf ein Trainerkommando, umlaufen die Fahnen und kämpfen um den Pass des Trainers mit entsprechendem Torabschluss.

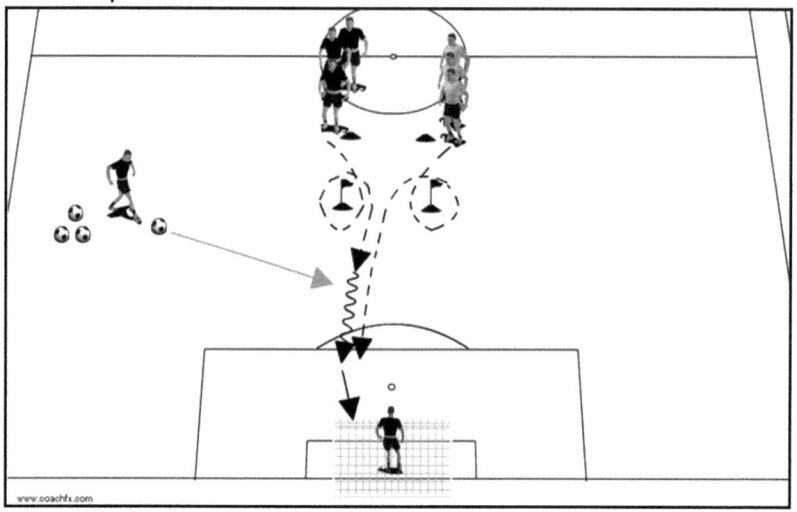

Hier stellen wir eine interessante Übung zur Schulung des Innenspannstoßes für F- und E-Jugend vor.

Bei dieser Übung laufen die Kinder parallel zur Toraußenlinie seitlich zum Tor an. Die Entfernung muss dem Alter und dem Leistungsstand entsprechend angepasst sein (Entfernung zum Tor etwa 10 – 15 Meter). Eine Gruppe läuft von links an und schließt dementsprechend mit dem rechten Fuß ab, die andere Gruppe von rechts und schließt mit dem linken Fuß ab. Die beiden Gruppen wechseln sich ab und tauschen nach einiger Zeit auch komplett die Seiten (beim Abschluss mit links kann die Torentfernung auch weniger als 10 Meter betragen, wegen der mangelnden Schusskraft für die meisten

 ## Dribbel-, Finten- und Torschussübungen usw.

im linken Fuß). Es darf nur mit dem Innenspann abgeschlossen werden. Der Trainer oder die Trainerin markiert mit kleinen Pylonen die Torschusshöhe (sehr zentral vor dem Tor).

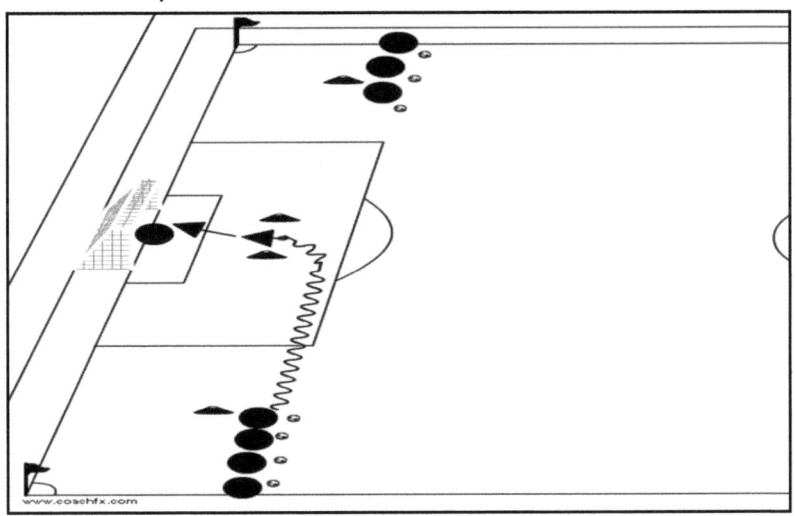

**Passübung 1 für den Trainingsanfang**

Es wird ein Feld von 20 x 20 m abgesteckt, und die Spieler verteilen sich gleichmäßig an den Ecken.
Der erste Spieler jeder Gruppe besitzt einen Ball. Diese dribbeln nun gleichzeitig von den Ecken ins Feld, und passen zum jeweils nächsten Spieler an der diagonal gegenüberliegenden Ecke.
Jeder Spieler läuft seinem Abspiel nach, und stellt sich hinten wieder an. Die Passempfänger nehmen den Ball an, und alles beginnt von vorn.

 # Dribbel-, Finten- und Torschussübungen usw.

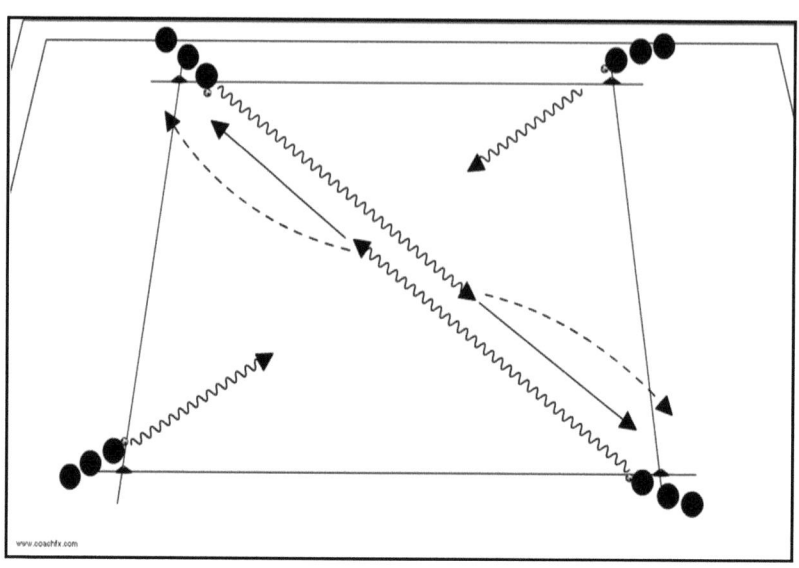

**Variation mit Zweikampf**

Jetzt wird der Schwierigkeitsgrad der Übung erhöht, und mit einem Zweikampf „gewürzt".

Es wird ein Quadrat von etwa 30 x 30 Meter abgesteckt. An jeder Pylone stehen mehrere Spieler hintereinander. Bei zwei Gruppen hat jeder einen Ball. Der erste Spieler dribbelt ins Feld und passt diagonal zu seinem Gegenspieler. Dieser nimmt den Ball an und versucht im 1 gegen 1 die gegenüberliegende Seitenlinie mit enger Ballführung zu erreichen. Erlangt aber der Verteidiger den Ball (wie in der nachfolgenden Skizze), versucht dieser die andere Linie zu erreichen. Danach startet die andere „Diagonale" usw.

Diese Übung kann auch in Wettkampfform mit

 **Dribbel-, Finten- und Torschussübungen usw.**

Punktevergabe ausgetragen werden.

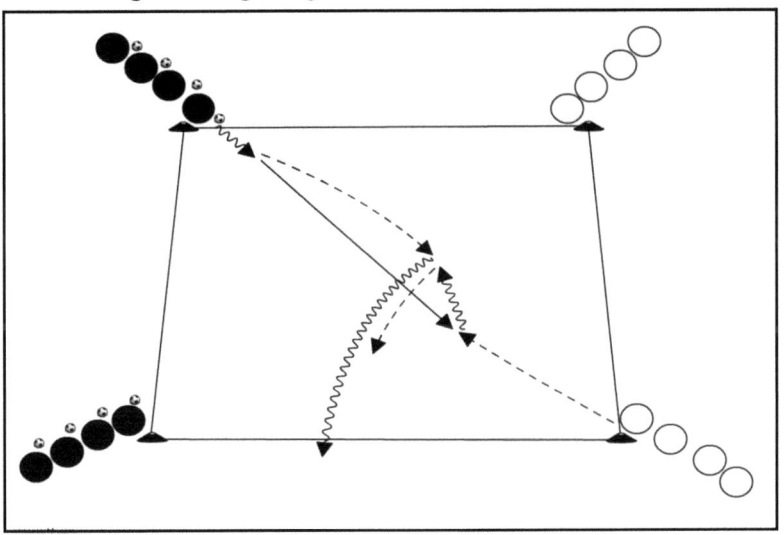

**Passübung 2 für den Trainingsanfang**

Es wird ein etwa 10 x 10 Meter großes Quadrat abgesteckt (siehe Bild). Die Spieler werden in zwei Gruppen diagonal gegenüber verteilt. Der erste Spieler einer Gruppe ist in Ballbesitz. Dieser passt zum ersten Spieler der anderen Gruppe, und läuft ein Hütchen weiter nach rechts. Jetzt stoppt der Spieler der anderen Gruppe den Ball, passt zurück, und läuft ebenfalls eine Pylone weiter nach rechts (andere Seite des Quadrats).

Der letzte Spieler in Ballbesitz kann nun nicht mehr diagonal spielen, er spielt jetzt nach rechts zu seiner Gruppe, und läuft seinem Pass nach. Jetzt beginnt das Spiel von vorn, nur von der anderen Diagonalen.

# Dribbel-, Finten- und Torschussübungen usw.

### Variationen

- Es muss direkt gespielt werden.
- Es muss mit dem linken Fuß gespielt werden.

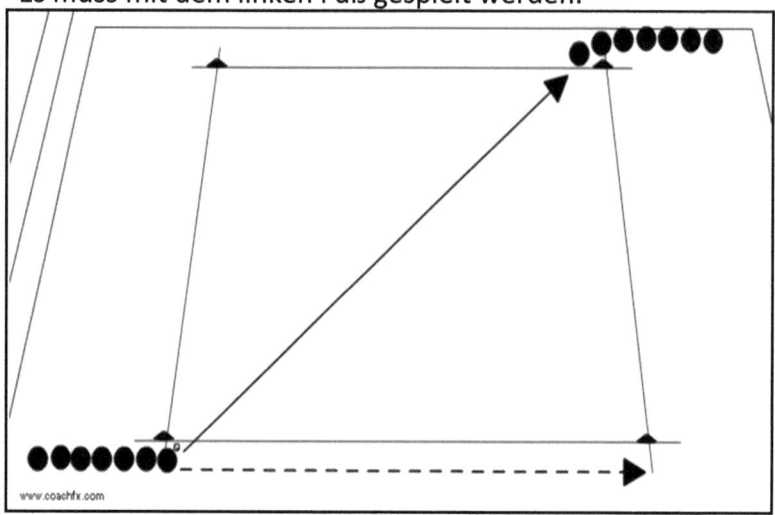

**Leichte Torschussübung**

25 Meter vor einem Tor werden drei Gruppen gebildet. Die Spieler jeder Gruppe stehen hintereinander. Jeder Spieler ist in Ballbesitz. 10 bis 15 Meter vor dem Tor, je nach Schusskraft, wird eine Schusslinie eingerichtet. Der Trainer/in benennt die Gruppen mit 1,2 und 3. Nun wird eine Gruppe aufgerufen. Der erste Spieler dieser Gruppe dribbelt in Richtung Tor, und schließt spätestens an der Schusslinie ab. Kurz vor dem Torschuss ruft der Trainer oder die Trainerin die nächste Gruppe auf, und der betroffene Spieler startet sofort zum Torschuss usw..Nach jedem Torschuss müssen sich die Schützen einer anderen Gruppe anstellen.

 # Dribbel-, Finten- und Torschussübungen usw.

**Variationen**

- Der Ball wird in der Hand getragen, und mittels eines Volleyschusses (Vollspann) auf das Tor „geknallt".

- Es muss mit dem schwächeren Bein geschossen werden.

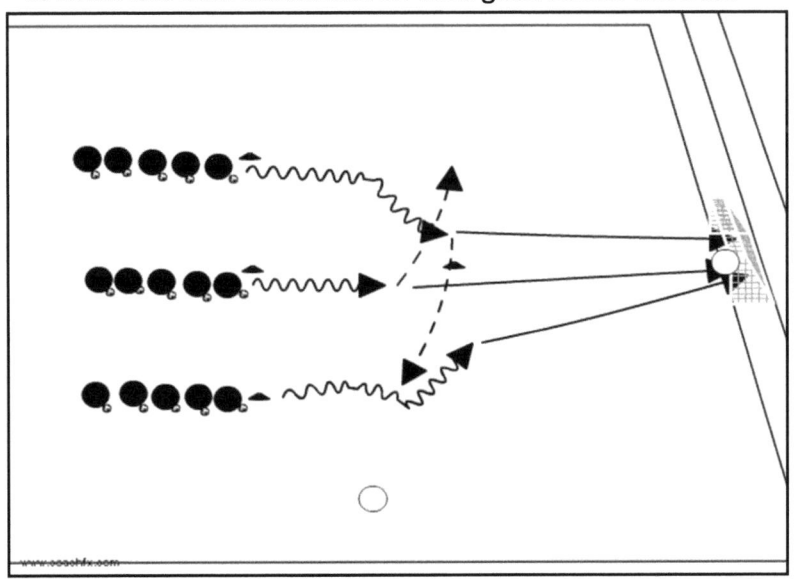

**Übungsreihe zur Schulung des Innenseitstoßes**

Die kleinen Fußballer werden in Gruppen mit jeweils fünf Kindern aufgeteilt. Vier Kinder bilden ein Rechteck oder Kreis um das fünfte Kind mit Ball. Der Abstand des zentralen Kindes zu den anderen beträgt etwa fünf Meter.
Auf Kommando spielt das Kind im Zentrum den Ball zum ersten Kind im Kreis, erhält den Ball zurück, spielt ihn weiter

 **Dribbel-, Finten- und Torschussübungen usw.**

zum nächsten und bekommt ihn wieder zurück usw. Der Ball soll direkt gespielt werden, wenn der Leistungsstand dies erlaubt.
Nach kurzer Zeit wird gewechselt.

- Gleiche Übung, aber jetzt darf der Ball nur noch mit links gespielt werden.

- Gleiche Übung, aber jetzt ist eine Reihenfolge nicht mehr vorgegeben.

- Jetzt spielen die Kinder „5 gegen 2" oder eine andere Form mit mehreren Ballkontakten, zwei Ballkontakten oder zum Schluss auch direkt. Die Spielform ist hier sehr stark abhängig vom Leistungsstand.
Erkämpfen die beiden Spieler in der Mitte den Ball, darf der Spieler den Kreis verlassen, der sich dort länger aufgehalten hat.

- Die Kinder passen sich den Ball abwechselnd mit der linken und rechten Innenseite zu. Der Ball wird zuerst gestoppt und dann direkt gespielt, wobei er durch zwei Hütchen gepasst werden soll. Die Entfernung ist abhängig vom Trainingszustand. An dieser Station trainieren ein bis zwei Paare.

 # Dribbel-, Finten- und Torschussübungen usw.

**Anspruchsvolle Übung für die ältere E-Jugend**

Die folgende Übung trainiert hervorragend das schnelle Umschalten von Angriff auf Abwehr und umgekehrt für den Mittelfeldbereich.

Es wird ein Feld abgesteckt von 30 – 40 Metern Länge und 15 – 20 Metern Breite. Das Feld wird in drei gleich große Bereiche gedrittelt.

 # Dribbel-, Finten- und Torschussübungen usw.

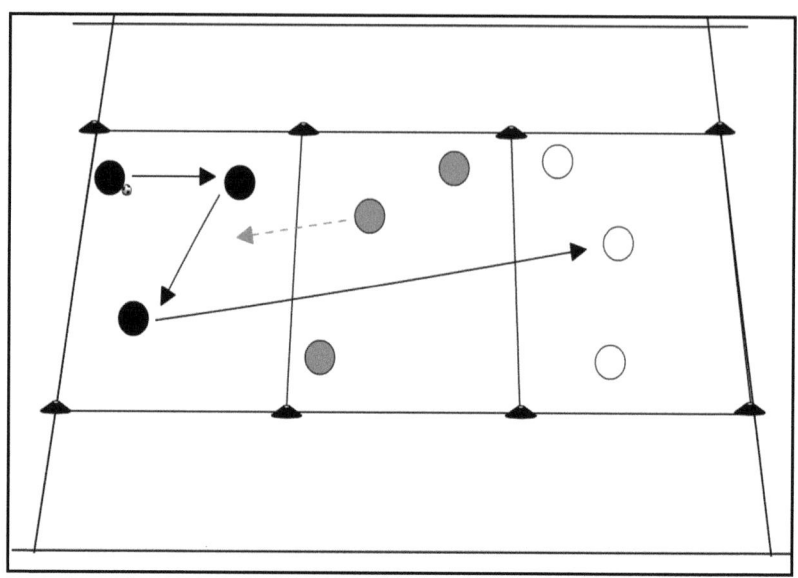

Es werden nun drei Dreierteams gebildet, die sich wie auf dem Bild dargestellt, verteilen.
Die Mannschaft in der Mitte spielt gegen die beiden äußeren Teams.
Eine äußere Mannschaft ist in Ballbesitz, und spielt sich im eigenen Feld die Bälle zu. Ein Verteidiger der mittleren Mannschaft darf nun in dieses Feld laufen und versucht, den Ball zu bekommen oder ins Aus zu befördern.
Die Mannschaft in Ballbesitz darf den Ball jetzt aber auch zu den Mitspielern im zweiten äußeren Feld flach oder hoch passen. Die beiden anderen Spieler in der Mitte sollen diesen Pass aber abfangen.
Gelingt der weite Pass, kehrt der Verteidiger in die Mitte zurück und ein anderer Verteidiger attackiert die andere

 # Dribbel-, Finten- und Torschussübungen usw.

Außenseite, und das Spiel geht mit den gleichen Spielregeln weiter.
Gelingt den Verteidigern eine Balleroberung oder sie können den Ball ins Aus befördern, wechselt die mittlere Mannschaft in ein äußeres Feld.
Die äußere Mannschaft, die den Ball verloren hat, muss nun in der Mitte verteidigen usw.

Die folgende Übung ist nur für die ältere E-Jugend mit hohem Leistungsniveau möglich. Die Entfernungen müssen dem Kleinfeld angepasst werden.

### Flanken aus einer Spielkombination

**Übungsaufbau:** 4 Hütchen, wie in der Grafik, aufstellen. An allen Hütchen, außer dem an der Außenlinie, gleichgroße Gruppen bilden. Die Spieler in der Höhe des Mittelkreises erhalten alle jeweils einen Ball.
**Übungsablauf:** Auf ein Trainerkommando dribbelt der erste Spieler mit Ball in Richtung seines MItspielers und passt diesen an. Der Mitspieler läuft dem Ball entgegen und lässt das Anspiel abklatschen. Der erste Spieler passt den Ball direkt weiter auf seinen Außenstürmer, der auch beim Trainerkommando gestartet ist. Er nimmt den Ball an, dribbelt weiter bis zum Hütchen, und flankt auf seine beiden Mitspieler, die in den Strafraum gesprintet sind.

 # Dribbel-, Finten- und Torschussübungen usw.

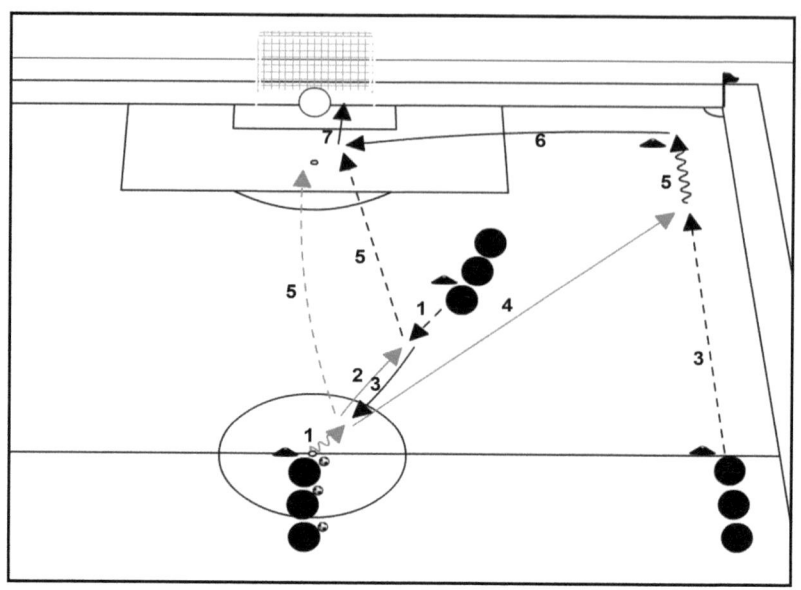

**Pass, Ballannahme und Torschuss unter Bedrängnis**

20 bis 25 Meter vor dem besetzten Tor wird jeweils eine Pylone rechts und links aufgestellt. Diese sind 20 Meter voneinander entfernt. Neben jedem Markierungshütchen stehen mehrere Spieler hintereinander. Die auf der linken Seite sind in Ballbesitz. In der Mitte werden zwei Pylonen mit einem Abstand von einem Meter hingestellt, aber einen Meter gegenüber den Starthütchen nach hinten versetzt (siehe Abbildung).
Der erste Passgeber spielt zum ersten Spieler der anderen Gruppe. Dieser nimmt den Ball an, und läuft Richtung Tor. 10 bis 12 Meter vor dem Tor soll mit einem Torschuss

# Dribbel-, Finten- und Torschussübungen usw.

abgeschlossen werden. Ganz so leicht wird es aber für den Schützen nicht. Der Passgeber wird nämlich sofort zu seinem Gegenspieler.
Denn nach dem Pass muss er sofort das Hütchentor durchlaufen, läuft dann dem anderen Spieler hinterher, und soll ihn aktiv am Torschuss hindern. Danach ist natürlich die nächste Gruppe an der Reihe. Nach jedem Durchgang werden selbstverständlich die Aufgaben und Positionen gewechselt. Die Torwartposition gehört ebenfalls dazu.

### Variationen

- Es muss mit dem linken Fuß abgeschlossen werden.

- Die Spieler auf der rechten Seite werden zum Passgeber.

- Bis zum Torabschluss darf der Ball nur dreimal berührt werden (diese Vorgabe ist nur bei der E-Jugend sinnvoll).

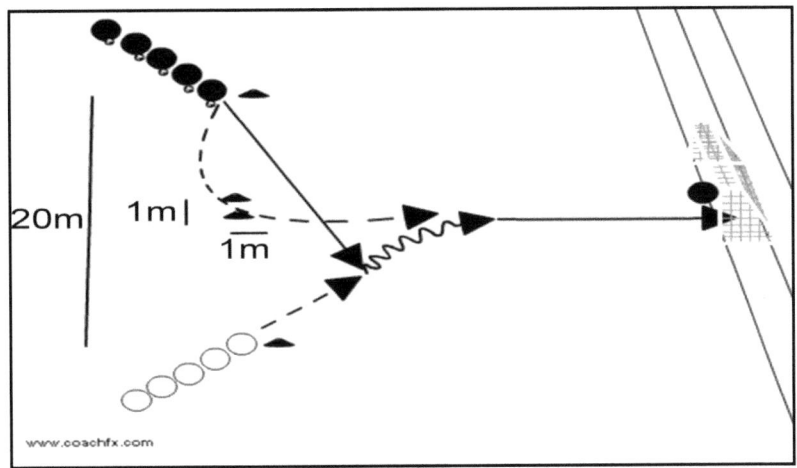

# Dribbel-, Finten- und Torschussübungen usw.

### Angriff 2 gegen 1 mit Torabschluss

25 Meter vor dem Tor stehen mehrere Spieler hintereinander. Jeder hat einen Ball. 15 Meter vor dem besetzten Tor stehen ein Verteidiger und ein Stürmer zentral. Der erste Passgeber spielt den Stürmer an. Nach dem Anspiel darf der Verteidiger aktiv werden, und soll den Angriff stoppen. Passgeber und Stürmer sollen nun „irgendwie" zum Torerfolg kommen. Das kann durch Zusammenspiel oder ein Solo erfolgen. Nach dem Torabschluss oder „Klären" durch den Verteidiger erfolgt der nächste Angriff mit einem weiteren Passgeber. Allerdings wird gewartet, bis Verteidiger und Stürmer sich wieder in der Grundposition befinden. Alle drei Angriffe werden Torwart, Abwehrspieler und Stürmer ausgetauscht.

### Variationen

- Die Übungsform wird mit zwei Verteidigern und zwei Stürmern ausgeweitet.

- Die Übungsform wird mit drei Verteidigern, zwei Stürmern und zwei Außenstürmern ausgedehnt. Nach dem zentralen Pass werden hierbei Passgeber und Außenstürmer aktiv. Die Außenstürmer starten hierbei von links und rechts auf der Höhe des Passgebers (diese Übung ist nur für die E-Jugend geeignet).

# Dribbel-, Finten- und Torschussübungen usw.

**Mehrere Dribbelübungen in Wettkampfform oder mit Torschuss**

Zwei Mannschaften werden gebildet. Die Spieler stehen jeweils hintereinander etwa 20 Meter vor einem Jugendtor, dass mit dem Trainer oder der Trainerin als Torwart besetzt ist. Jeder Spieler ist in Ballbesitz (nach Möglichkeit sind die Bälle jeder Mannschaft eindeutig zuzuordnen z.B. nach Farbe). Fast direkt vor dem „Startdribbler" jeder Mannschaft stehen jeweils vier Pylonen in einer Reihe hintereinander. Der Abstand der Markierungshütchen beträgt etwa einen Meter. Die Mannschaften sind etwa fünf Meter voneinander entfernt (siehe hierzu auch die nächste Abbildung).

**Ablauf:** Nach einem Trainerkommando laufen die „Startdribbler" los, führen den Ball Slalom durch die Pylonen,

 # Dribbel-, Finten- und Torschussübungen usw.

und schließen die Aktion mit einem Schuss aus 7 – 10 Metern ab. Die Entfernung wird hier wiederum der Schusskraft der Spieler angepasst. Der Trainer oder die Trainerin versucht die Bälle zu halten. Bei „Synchronschüssen" wird das allerdings sehr schwer.

Haben die „Startdribbler" geschossen, laufen die nächsten Kinder mit Ball los.

Fußballer, die ins Tor getroffen haben, beenden das Spiel, alle anderen müssen sich ihrer Mannschaft wieder hinten anstellen.

Die Mannschaft, die zuerst alle Bälle „versenkt" hat, ist Sieger.

**Spielvarianten:** Die Schusstechnik oder das Schussbein wird vorgegeben.

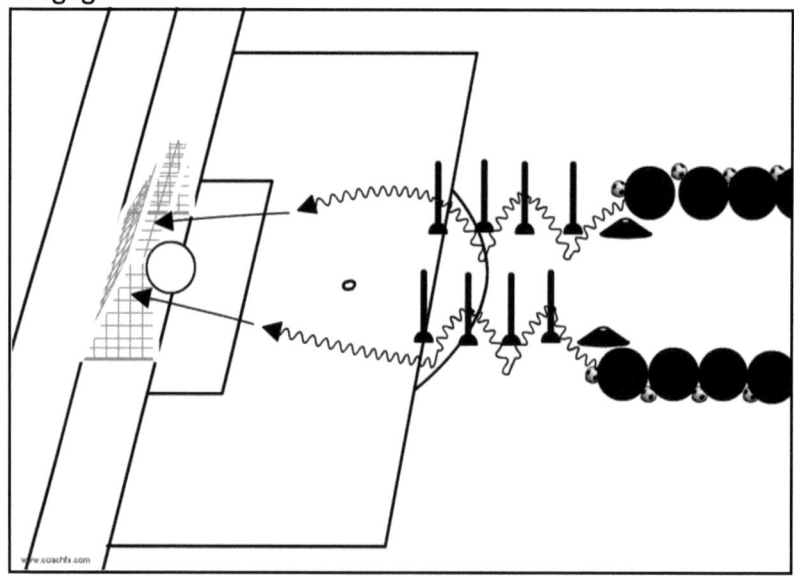

# Dribbel-, Finten- und Torschussübungen usw.

## Weitere Dribbel- und Torschussübungen

Es werden zwei Mannschaften gebildet (siehe nächste Abb.). Auf ein Startkommando laufen die Startläufer mit Ball los, durchdribbeln die Stangen. Dann durchlaufen sie das Tor innen (weiße Fahnen), umrunden die ausgewählte Fahne, müssen außen um die Pylone und dürfen jetzt zurückdribbeln oder passen. Der Ball darf erst zum nächsten Spieler gepasst werden, wenn sich der ballführende Spieler auf Höhe der letzten Stange befindet. Bei einem ungenauen Pass kann hier also Zeit verloren gehen. Die Mannschaft, die ihren letzten Dribbler mit Ball über die Startlinie bekommt, ist natürlich Sieger.

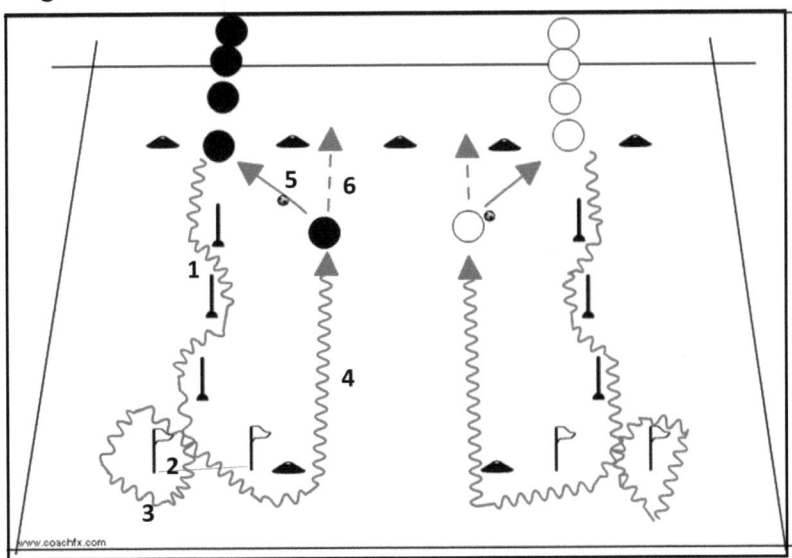

 # Dribbel-, Finten- und Torschussübungen usw.

- Bei dieser Übung passt Spieler A zu Spieler B, dieser dribbelt mit dem Ball zu der Position von Spieler A und übergibt dem nächsten Spieler den Ball und stellt sich dort hinten an. Spieler A durchläuft die Fahnenstangen im Slalom mit höchster Geschwindigkeit und stellt sich auf der anderen Seite an usw.

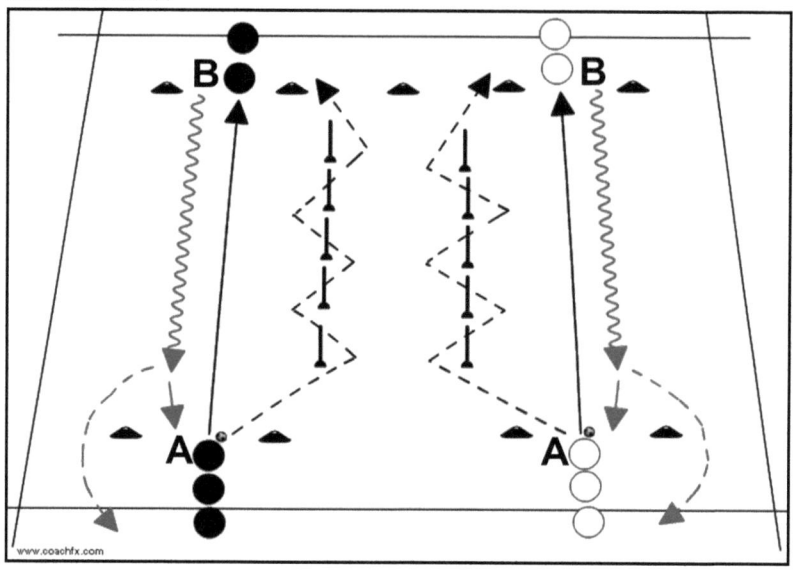

Bei der nächsten Übung stehen die Spieler, jeweils mit Ball hintereinander in einer Reihe zentral etwa 25 Meter vor dem Tor. Der erste Fußballer läuft mit Ball los, durchdribbelt die hintereinander aufgestellten vier Fahnenstangen und schließt mit einem Torschuss aus 10 – 15 Metern ab. Er nimmt sich wieder seinen Ball und stellt sich in der Reihe wieder hinten an. Bei dieser Übung wollen wir eine hohe Frequenz erreichen und der nächste Spieler läuft schon los, bevor der

 # Dribbel-, Finten- und Torschussübungen usw.

vorhergehende geschossen hat. Bei dieser Übung steht der Trainer oder die Trainerin im Tor und bestimmt die Frequenz und Schusstechnik. Wir wollen hier den Innenseitstoß und Innenspannstoß trainieren.

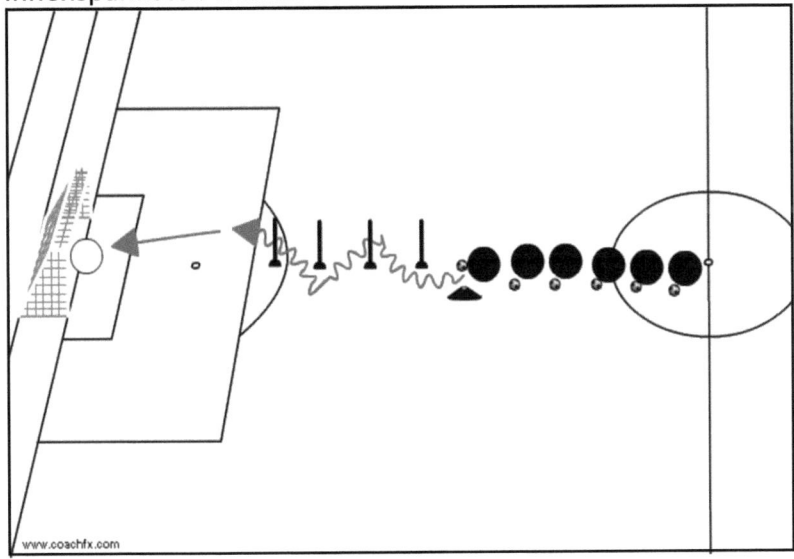

- Mit Pylonen werden zwei enge „Laufkanäle" geschaffen. Zwei Mannschaften werden gebildet, die sich hinter dem „Laufkanal" anstellen. Jeder Spieler ist in Ballbesitz. Auf ein Trainerkommando dribbeln die ersten Spieler mit höchstmöglicher Geschwindigkeit durch den „Kanal". Danach schießen sie aus einer Entfernung von etwa 7 – 12 Meter auf ein Minitor (siehe hierzu auch untere Abbildung). Jetzt startet das nächste Kind. Spieler, die getroffen haben, beenden den Wettkampf. Die anderen holen den Ball, und stellen sich ihrer Gruppe wieder an.

 # Dribbel-, Finten- und Torschussübungen usw.

Welche Mannschaft „versenkt" zuerst alle Bälle.

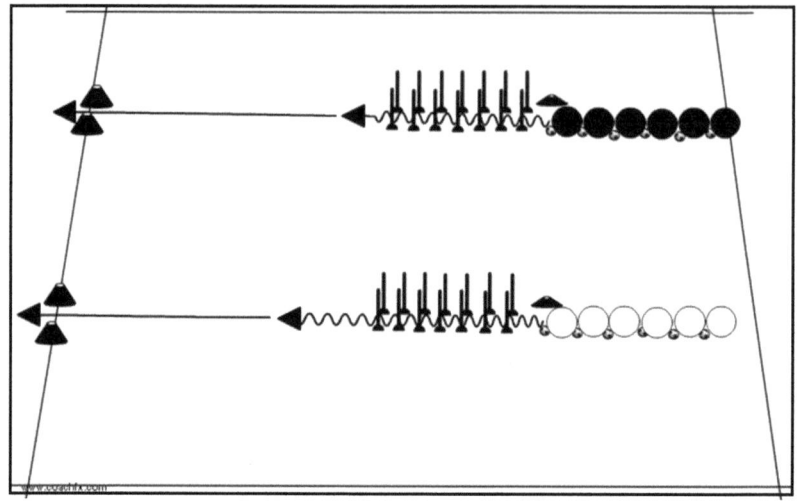

**Torschussübung mit zwei Toren gleichzeitig**

Diese Übung macht den kleinen Fußballern einen Riesenspaß. Es werden zwei Tore nebeneinander aufgebaut, beide Tore sind besetzt und fünf Meter voneinander entfernt. Vor den Toren wird ein Feld von 25 x 30 Meter abgesteckt. Die Verteidiger stehen hintereinander zwischen beiden Toren.
Die Angreifer stehen in der Mitte auf der anderen Seite, hintereinander mit jeweils einem Ball, und außerhalb des abgesteckten Feldes.

**Ablauf:** Der Trainer oder die Trainerin ruft den ersten Stürmer und den ersten Verteidiger auf. Der Stürmer dribbelt ins Feld, und soll auf eines der beiden Tore erolgreich abschließen. Der Verteidiger rennt ihm schnellstmöglich

 # Dribbel-, Finten- und Torschussübungen usw.

entgegen, und versucht ihn daran zu hindern. Der Stürmer darf den Verteidiger ausspielen oder direkt schießen. Danach wird das zweite Paar aufgerufen usw.
Die Positionen werden häufig gewechselt.

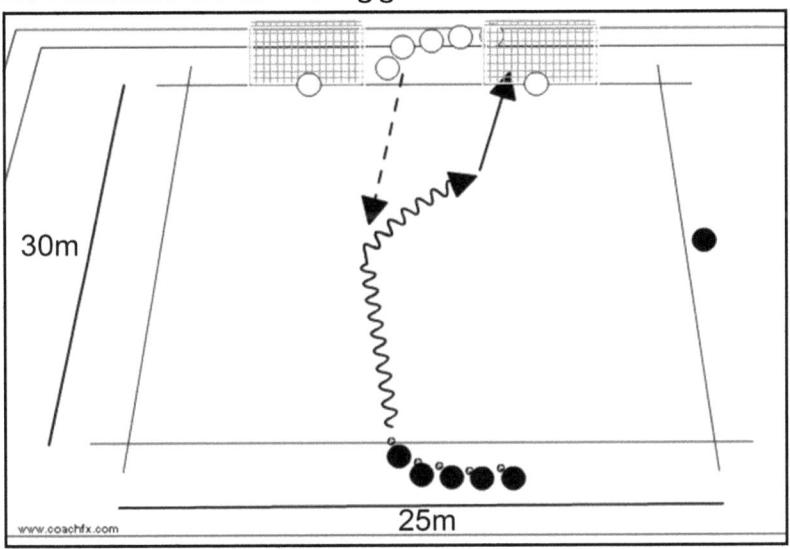

**Weitere Dribbelübungen**

Mit vier Pylonen wird ein 8 x 8 Meter großes Feld markiert. Mittig und etwa 8 Meter von jeder Quadratseite entfernt wird ebenfalls ein Markierungshütchen postiert (siehe folgende Abbildung auf Seite 61), und dient gleichzeitig als Starthütchen. An jedem stellt sich eine Gruppe hintereinander auf. Die Gruppen sind möglichst gleich groß, und jeder Spieler hat einen Ball.

 # Dribbel-, Finten- und Torschussübungen usw.

**Ablauf:** Die ersten Spieler jeder Gruppe starten gleichzeitig, und sollen das Feld möglichst schnell mit enger Ballführung durchdribbeln. Kollisionen sollen vermieden werden. Die nächsten Spieler einer Gruppe starten, sobald der Vordermann das markierte Quadrat verlassen hat. Danach stellen sich die Dribbler der Gruppe gegenüber usw.
Diese Übung wird in jeder Variation auf zwei Minuten begrenzt, damit keine Langeweile entsteht.

### Variation

- Es muss ausschließlich mit dem linken Fuß gedribbelt werden.

- Innerhalb des Feldes muss mit Ballführung eine Drehung von 360° eingebaut werden.

- Dribbelrennen: Auf ein Startkommando muss der erste Dribbler jeder Gruppe erst direkt an das Quadrat herandribbeln, und dann im Uhrzeigersinn möglichst eng das abgesteckte Feld umdribbeln. Schließlich geht er zu seiner Gruppe zurück, und der Ball wird an den nächsten Spieler übergeben. Welche Gruppe ist zuerst fertig?

- Jetzt wird der Wettkampf gegen den Uhrzeigersinn gestartet.

 # Dribbel-, Finten- und Torschussübungen usw.

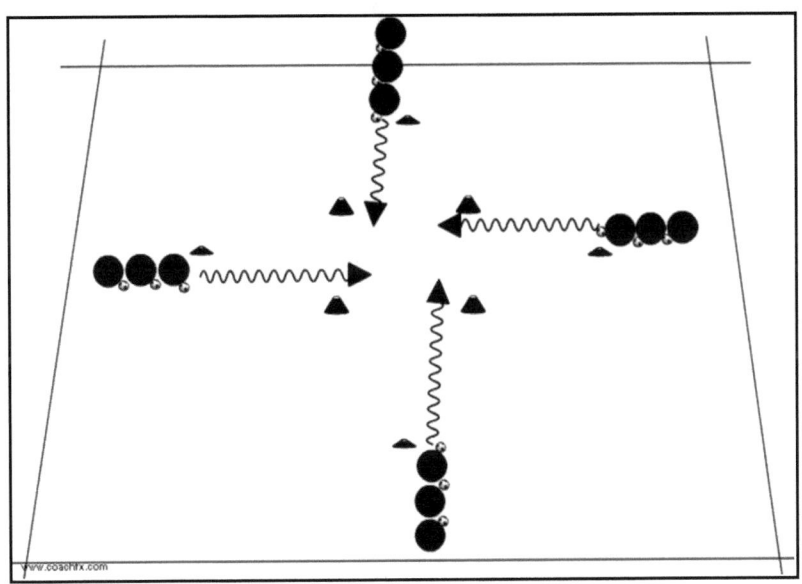

**Kleine Übungsreihe für Finten**

Der Trainer oder die Trainerin erklärt Finten, die die Kinder mit Ball, und erst einmal nur mit imaginärem Gegner üben sollen. Die Übungsdauer wird auf 5 Minuten begrenzt.

In dieser Einheit werden zwei **leichte** Finten erklärt. Im Anschluss daran werden weitere Finten erklärt, die dann in anderen Trainingseinheiten trainiert werden sollen. So ergibt sich durch Austausch eine Vielzahl weiterer kompletter Trainingstage.

Zur Verbesserung und Einprägung dieser Techniken, sollten Finten natürlich in mehreren Einheiten wiederholt werden.

**Die Art der Finten wird dem Alter und der Leistungsfähigkeit der Kinder angepasst.**

 # Dribbel-, Finten- und Torschussübungen usw.

Wir stellen hier 2 einfache Finten vor:

**Finte 1:** Die Spieler dribbeln mit Ball, täuschen einen Schuss kurz vor dem Gegenspieler an, dribbeln aber an ihm vorbei (hier ist die Hoffnung darauf gelegt, dass der Gegenspieler durch einen Schutzreflex oder Abwehrversuch des möglichen Torschusses kurz abgelenkt ist, und deswegen leicht umspielt werden kann).

**Finte 2:** Es wird wieder ein Schuss wie in Finte 1 angetäuscht, diesmal vollzieht der Spieler aber eine komplette Drehung mit Ball (360°) und zieht mit Ball an der anderen Seite vorbei. D.h., er täuscht einen Schuss mit rechts an, dreht sich mit Ball rechts um die eigene Achse und umspielt den Gegenspieler auf der linken Seite (dementsprechend mit dem linken Fuß umgekehrt).

- Die Hauptübung dauert etwa 10 Minuten. Ein Tor ist besetzt, etwa 15 Meter zentral vor dem Tor postiert sich der Trainer oder die Trainerin. 10 Meter weiter davor stehen die Spieler hintereinander in einer Reihe. Mit Betreuer oder Co-Trainer wird an zwei Stationen gleichzeitig trainiert, an jeder Station nur eine Finte mit Wechsel nach etwa 5 Minuten. Die Spieler laufen zügig nacheinander auf den Trainer zu und üben ihre Finte aus, ziehen am Trainer vorbei und schießen aus etwa 10 Meter Entfernung auf das Tor. Der Trainer ist natürlich nur ganz leicht aktiv tätig.

 # Dribbel-, Finten- und Torschussübungen usw.

Bei dieser Übung sollte der Torwart häufig gewechselt werden.

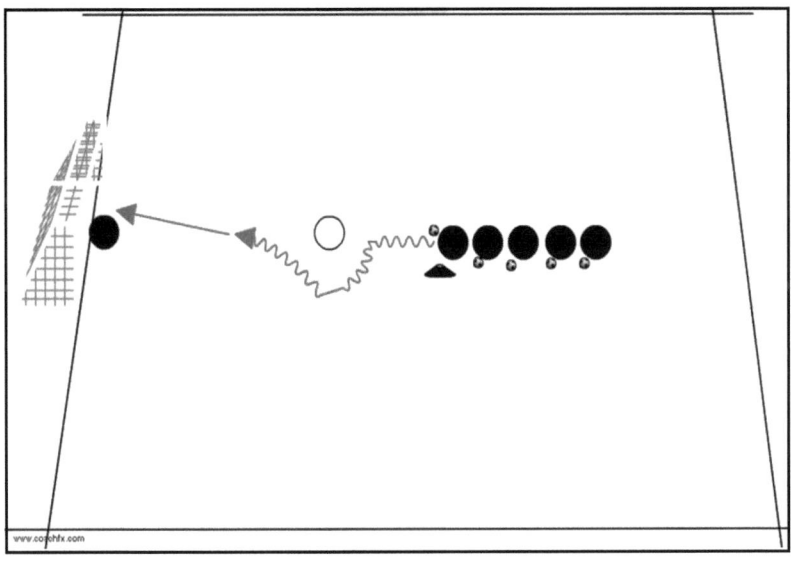

**Dribbeln im Quadrat**

Es wird ein Feld von 15 x 15 Meter mit Pylonen markiert. Vier Meter vor jedem dieser Starthütchen wird in das Feld eine weitere Pylone positioniert. Die Spieler verteilen sich nun gleichmäßig hintereinander an den vier Starthütchen. Jeder Spieler ist in Ballbesitz (siehe Abbildung unten).
Die ersten Fußballer jeder Gruppe starten gleichzeitig, umkurven das Hütchen im Quadrat, führen den Ball zur gegenüberliegenden Gruppe, und stellen sich dort hinten an. Jetzt starten die Nächsten aus jeder Gruppe usw.

 **Dribbel-, Finten- und Torschussübungen usw.**

### Variationen

- Der Ball darf nur mit links geführt werden.

- Das Hütchen muss in die andere Richtung umkurvt werden.

- An der Pylone wird zuerst ein Schuss angetäuscht, bevor sie umdribbelt wird.

- Am Hütchen muss eine bestimmte Finte durchgeführt werden.

- Der Ball muss mit dem rechten oder linken Fuß im Lauf über die Pylone gehoben werden.

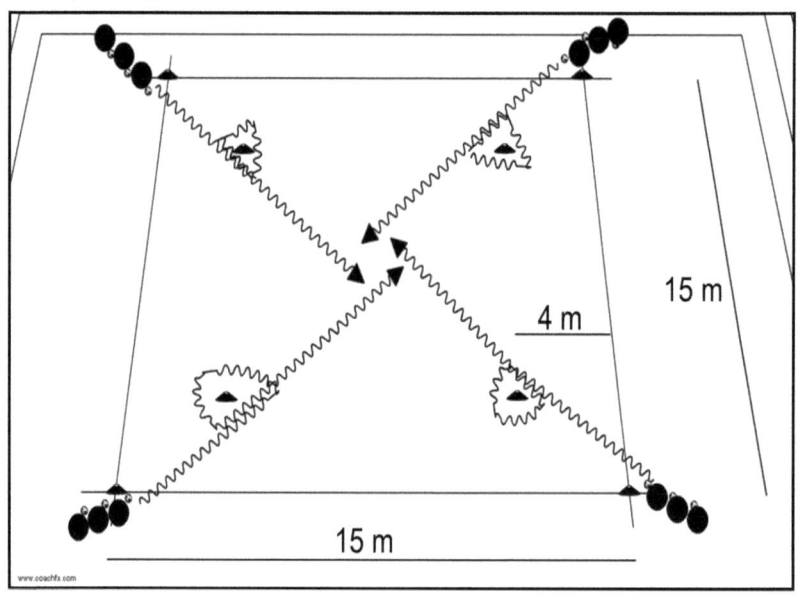

# Dribbel-, Finten- und Torschussübungen usw.

### Dribbeln im Kreis

Drei Spieler stehen jeweils hintereinander, der Vordere ist in Ballbesitz und steht neben einer Pylone. Acht Meter von dem jeweiligen Startdribbler entfernt steht eine „Wendepylone".
Er dribbelt zu diesem Hütchen, zieht den Ball dort mit der Sohle zurück, dribbelt wieder zum Starthütchen. Hier übergibt er den Ball und stellt sich hinten an.
Zuerst soll die komplette Übung ausschließlich mit dem rechten Fuß durchgeführt werden, nach zwei bis drei Wiederholungen wird nur der linke Fuß eingesetzt.

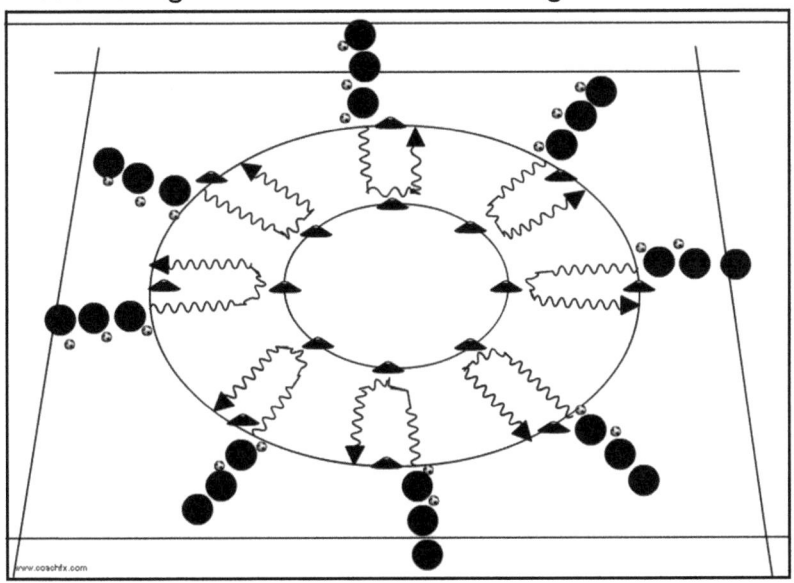

Danach erfolgt eine Variation der Übung. Die Spieler sollen sich komplett um das Hütchen mit enger Ballführung drehen. Auch hier wird die Übung anfangs nur mit dem rechten Fuß

# Dribbel-, Finten- und Torschussübungen usw.

geübt, einmal erfolgt die Drehung im Uhrzeigersinn, dann entgegengesetzt.
Nach einigen Wiederholungen ist der linke Fuß dran.

Zum Abschluss ist natürlich ein Wettkampf an der Reihe, mit Drehung in beliebiger Form um die Pylone. Jeder Spieler muss zweimal an den Start gehen.

### Diverse Torschussübungen ab E-Jugend

- Zwei Spieler stehen etwa 40 Meter vor dem Tor und spielen sich den Ball in der Laufbewegung auf das Tor direkt zu. Je nach Schussstärke wird das Passen mit einem Schuss aus 15 – 20 Meter Entfernung abgeschlossen.

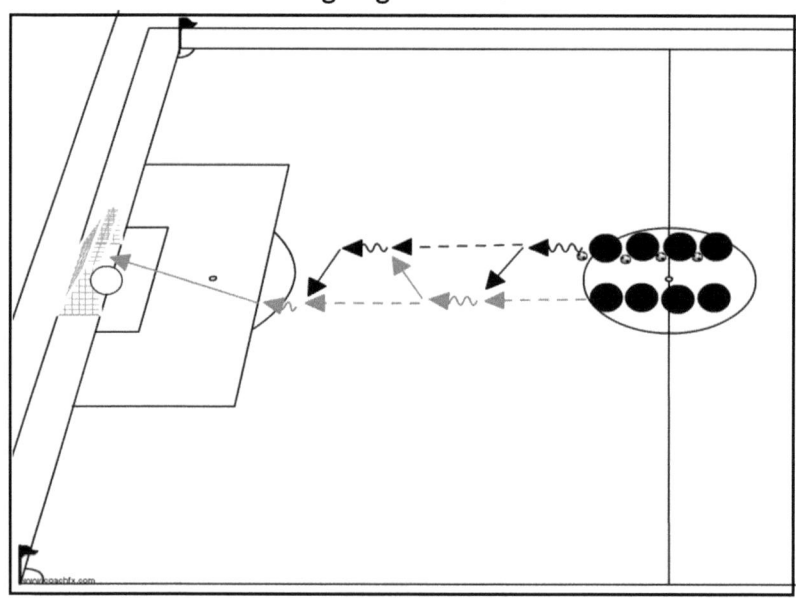

# Dribbel-, Finten- und Torschussübungen usw.

**Technikübung**

Die folgende Übung schult Einwurf, Stoppen, Passen, Dribbeln, Torschuss und Torwartqualitäten gleichzeitig.

**Ablauf:** Ein Tor wird mit einem Torwart besetzt. Vor diesem werden vier Pylonen wie in der Zeichnung aufgestellt. Die Spieler verteilen sich an den Markierungshütchen. Die Spieler bei A an der Seitenlinie besitzen jeweils einen Ball. A wirft den Ball mittels eines Einwurfs zu B, der den Ball direkt zurück zu A passt. A wiederum spielt den Ball flach und hart zu C. Dieser nimmt den Ball Richtung Tor an, dribbelt einige Meter und spielt anschließend auf den Spieler D, der direkt oder nach einer kurzen Ballkontrolle auf das Tor schießt.
Nach diesem Torschuss rücken die beteiligten Spieler eine Position weiter.

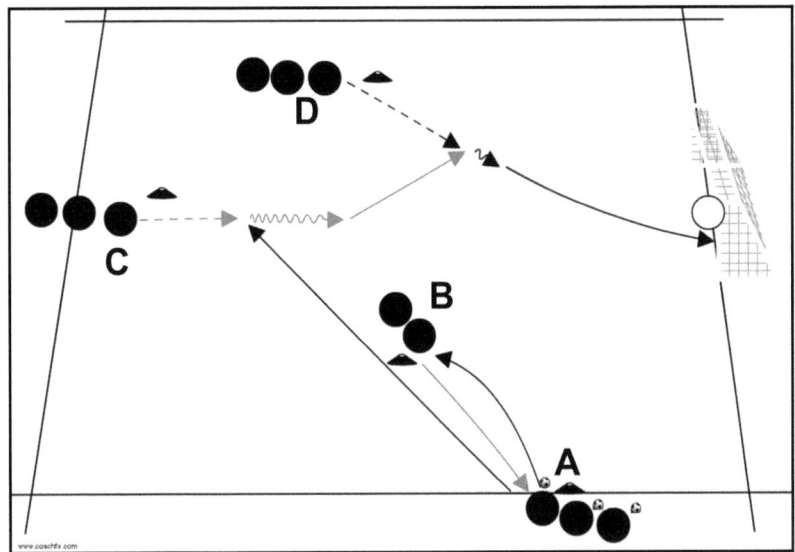

# Dribbel-, Finten- und Torschussübungen usw.

- Ein Spielfeld mit einem besetzten Tor und zwei Zonen wird aufgebaut. In der äußeren Zone spielen sich 5 – 8 Spieler direkt und möglichst schnell den Ball zu. Die Spieler sind dabei permanent in Bewegung. Auf ein Trainerkommando dribbelt der jetzige Ballbesitzer auf das Tor zu und schließt mit einem Torschuss aus etwa 16 Metern ab.

Die Spieler in der zweiten Zone werden sofort mit einem weiteren Ball „gefüttert" und das Spiel beginnt von vorne.

Die Torschützen laufen mit ihrem Ball zurück, übergeben diesen dem Trainer und begeben sich wieder in die äußere Zone.

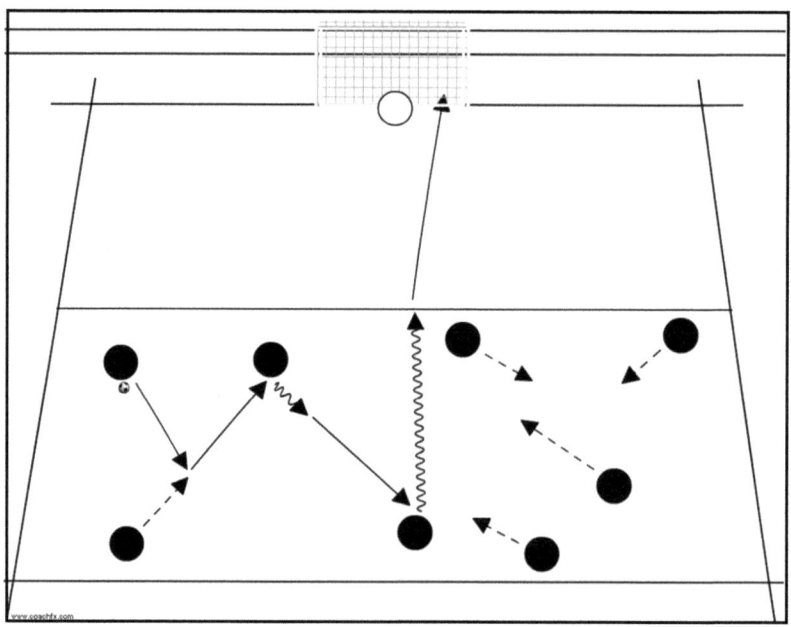

# Dribbel-, Finten- und Torschussübungen usw.

- Ein Tor wird mit einem Torwart besetzt. Vier Pylonen werden wie in der Zeichnung aufgebaut und mit je einem Spieler belegt, wobei Spieler A im Besitz mehrerer Bälle ist oder, mehrere Spieler mit Ball bei A stehen.

Spieler A passt zu B, dieser zu C, dieser wiederum zu D, der mit einem Torschuss abschließt. Danach beginnt die Übung von vorne. Hat der Spieler A alle Bälle weitergeleitet, werden diese gesammelt und die Übung wird wiederholt, allerdings rotieren alle Spieler eine Position weiter. Am Anfang dürfen alle Spieler den Ball kurz annehmen. Nachdem jeder Spieler alle Positionen ausprobiert hat, wird die Übung wiederholt, aber diesmal darf nur direkt abgespielt oder geschossen werden.

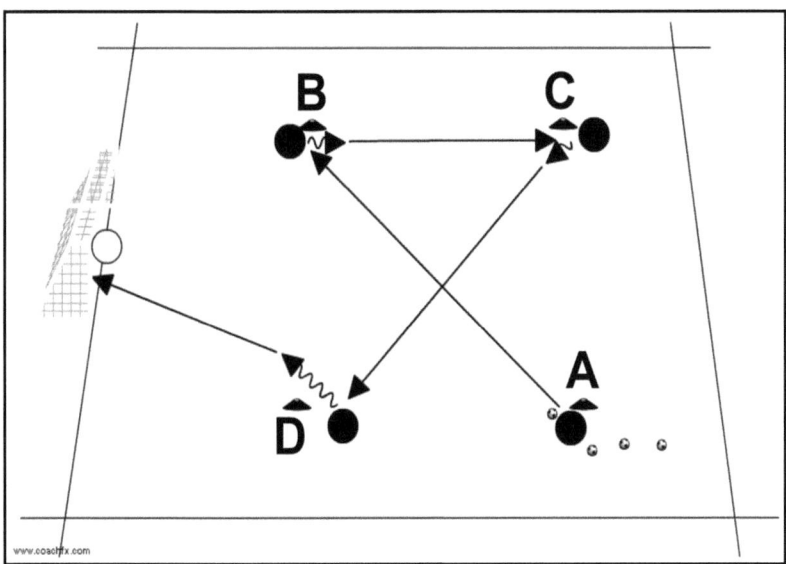

# Dribbel-, Finten- und Torschussübungen usw.

- Bei dieser Übung wird wieder ein Tor besetzt und drei Pylonen wie in der Zeichnung aufgebaut. Die Markierungshütchen C und B sind mit je einem festen Spieler belegt. Hinter Pylone A stehen mehrere Spieler mit Ball hintereinander. Der erste dieser Spieler passt zu B, dieser lässt den Ball zu C „abtropfen".

Spieler C passt nun direkt in den Lauf von A, der möglichst direkt den Torabschluss suchen soll.

Danach startet möglichst schnell der nächste Fußballer von der Pylone A usw.

Die „festen" Positionen werden relativ häufig gewechselt. Weiterhin empfiehlt es sich ab zwölf Spielern, die Übung an zwei Stationen durchzuführen, bzw. an der zweiten Station wird gleichzeitig eine andere Übung eingebaut.

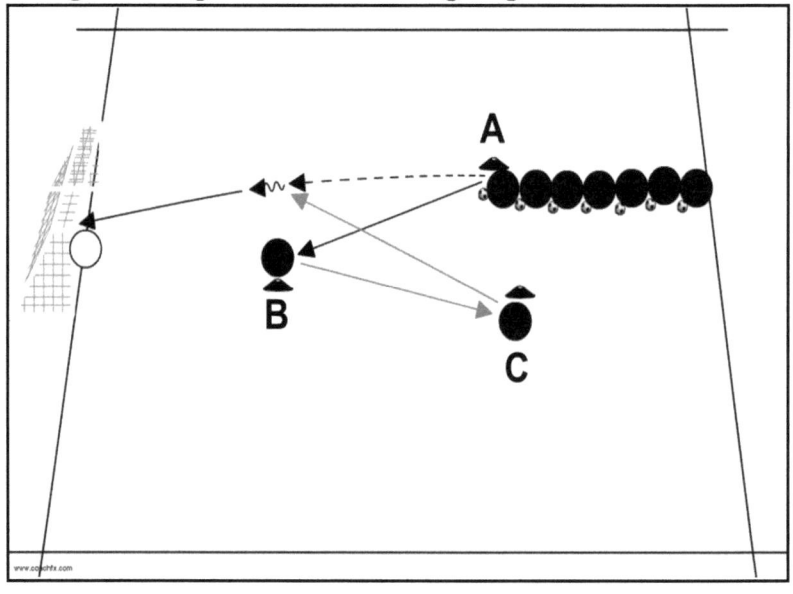

 # Dribbel-, Finten- und Torschussübungen usw.

- Es wird mit Hürden, Stangen ein beliebiger Parcour aufgebaut, der den Leistungsstand der Kinder berücksichtigt. Ein Tor wird aufgebaut und mit einem Torhüter besetzt. Die Bälle sind bei dem Zuspieler und dem Werfer.
Der erste Fußballer ohne Ball springt über die Hürden, gefolgt von Skipping über die Stangen, ein Kopfball nach Zuwurf von unten mit einem nicht hart aufgepumten Ball, ein Sprint Richtung Zuspieler, der den Spieler anspielt und mit einem Torschuss abschließt. Die Kinder sollen danach den Ball zum Zuspieler zurückbringen und zum Startpunkt zurückgehen. Die Betonung liegt auf „gehen", damit eine Erholungsphase gegeben ist. Die Übung wird dreimal je Spieler wiederholt.

- Bei dieser Übung wird auf ein großes besetztes Tor und zwei Pylonentore gespielt (siehe folgende Zeichnung). Das große Tor wird von vier Feldspielern (weiß) verteidigt. Sechs Gegenspieler (schwarz) stürmen auf das besetzte Tor,

# Dribbel-, Finten- und Torschussübungen usw.

müssen aber bei Ballverlust die „Hütchentore" schützen.
Der Abschluss auf das große Tor soll dabei so schnell wie möglich erfolgen.
Nach einigen Minuten werden die Verteidiger ausgetauscht.

Nach dieser Übung wird die ganze Situation „verschärft". Jetzt wird die Angreiferzahl auf sieben erhöht. Es darf aber nur mit maximal drei Ballkontakten agiert werden.

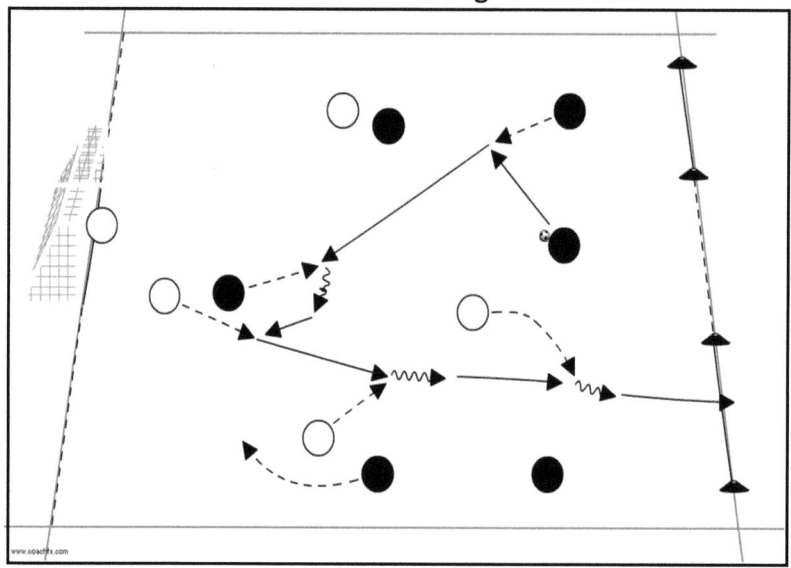

- Die folgende beschriebene Übung dient zur Förderung der Grundschnelligkeit und Konterqualität.
Sie wird nur mit 2 – 3 Durchgängen trainiert und bringt in Bezug auf Grundschnelligkeit nur einen Trainingseffekt bei vollkommen ausgeruhtem physischen Zustand.

 # Dribbel-, Finten- und Torschussübungen usw.

Bei Ermüdung, Erschöpfung oder Übersäuerung des Körpers ist diese spezielle Übung für ein Schnelligkeitstraining sinnlos. Weiterhin muss eine Pausenlänge von mindestens zwei Minuten eingehalten werden.
Alleine schon wegen dieser Pausenlänge werden nur 2 – 3 Durchgänge absolviert, um unnötige Langeweile zu vermeiden.
Außerdem fördert die Übung die Fähigkeit, den Ball im vollen Lauf mitzunehmen und mit einem schnellen Torschuss abzuschließen (Konterfähigkeit). Zur Schulung nur dieser Fähigkeit, kann die Übung auch unter einer leichten Trainingsermüdung erfolgen.

**Übungsablauf:** Die Kinder stehen etwa 45 – 50 Meter zentral vor dem Tor mit Torwart hintereinander in einer Reihe. Der Erste läuft an und beschleunigt submaximal (keine volle Beschleunigung), so dass er erst nach 20 Metern die höchste Laufgeschwindigkeit erreicht (bei voller Beschleunigung erreicht diese Altersgruppe die Höchstgeschwindigkeit schon nach 10 Metern). Die 20 Meter sind mit einem Pylonenpaar (parallel mit zwei Meter Abstand) markiert. Hier erreicht der Läufer seine Höchstgeschwindigkeit und hält diese über 10 Meter, dann durchläuft er ein zweites Hütchenpaar (gleich aufgestellt, etwa 10 Meter vom ersten Hütchenpaar entfernt), reduziert die Geschwindigkeit etwas und bekommt vom Trainer den Ball in den Lauf gespielt. Der kleine Fußballer soll nun den Ball mit dieser hohen Laufgeschwindigkeit verarbeiten, annehmen, kontrolliert vorlegen und mit einem wuchtigen Torschuss aus 10 – 15

 # Dribbel-, Finten- und Torschussübungen usw.

Meter abschließen (je nach Schussstärke).
Nach diesem Torschuss startet der nächste Läufer, der Schütze befördert den geschossenen Ball wieder zum Trainer und stellt sich hinten in der Schlange wieder an.

Ist der Startläufer wieder an der Reihe, unterbricht der Trainer kurz und erklärt, welche Fehler gemacht wurden oder was noch besser gemacht werden kann (hier wird dann auch eine minimale Pausenlänge von zwei Minuten garantiert).

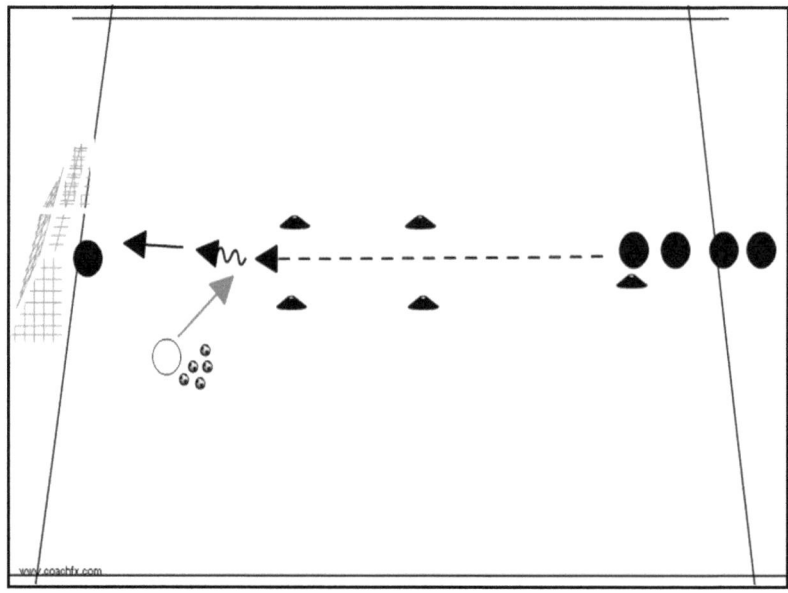

- Bei der folgenden Übung passt Spieler A dem ersten Spieler B in den Lauf, dieser dribbelt Richtung Torauslinie und flankt zu den beiden Stürmern. Der Torwart und ein Abwehrspieler versuchen den Torerfolg zu verhindern. Nach dieser Aktion spielt der Zuspieler A den nächsten Spieler der zweiten Gruppe B an und zwei neue Stürmer treten in Aktion.

 # Dribbel-, Finten- und Torschussübungen usw.

Die aktiven drei Angreifer schließen sich nach Abschluss der jeweiligen Reihe wieder an.
Flankengeber, Anspieler, Stürmer und Abwehrspieler werden natürlich regelmäßig ausgetauscht.

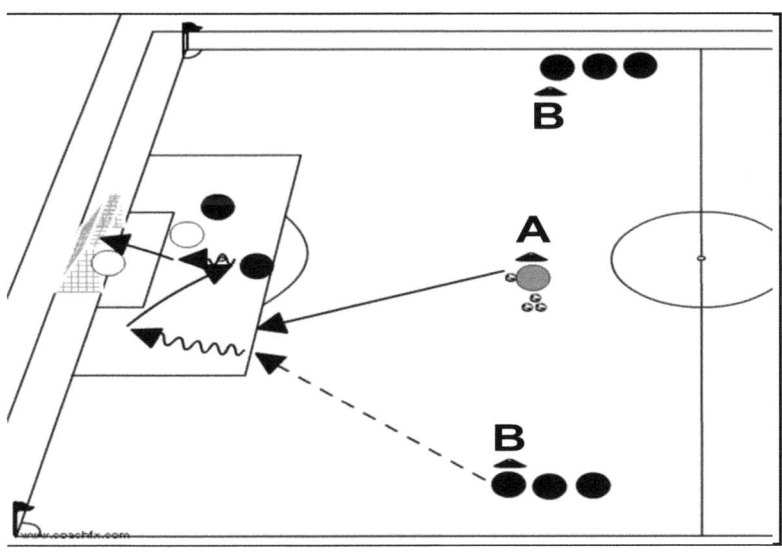

- Jetzt wird der Schwierigkeitsgrad der vorigen Übung erhöht. Zuspieler A spielt den Ball wieder zu dem ersten Spieler B. Diesmal wird der potentielle Flankengeber aber von einem Abwehrspieler Spieler C verfolgt. Dieser startet dabei etwas hinter B und soll ihn einholen und die Flanke verhindern. Spieler B darf die Flanke erst kurz vor der Torauslinie schlagen. An dieser Stelle soll den Spielern erklärt werden, dass sie den Abwehrspieler „kreuzen" sollen, sobald sie merken, dass er zu „nah" kommt.
Jetzt muss der Verfolger die Laufgeschwindigkeit reduzieren und wieder eine neue Laufrichtung einschlagen. Tut er dies

 ## Dribbel-, Finten- und Torschussübungen usw.

nicht, läuft er den Angreifer um, der dann einen Freistoß oder sogar einen Elfmeter zugesprochen bekommt.

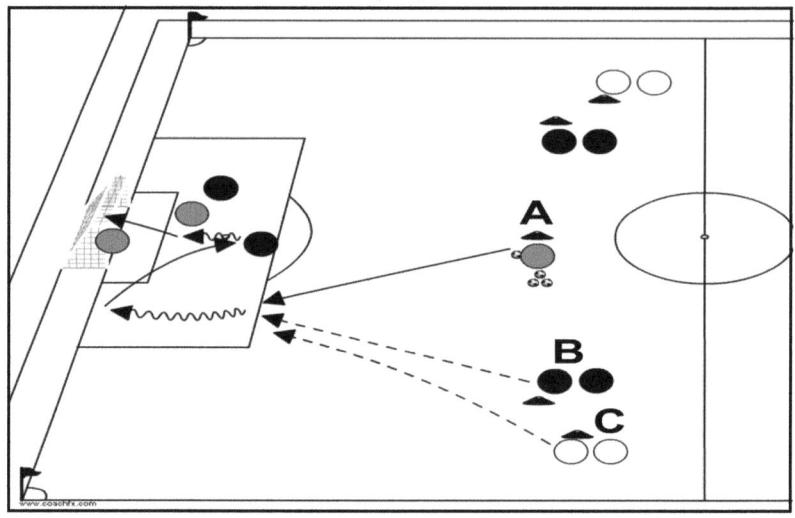

**Vollspannstoßübungen**

Im Folgenden wird ein kompletter Hauptteil des Trainings vorgestellt, in dem ausschließlich der Vollspannstoß (überwiegend Grundlagentraining) geübt wird.

**Vorbereitende Übungen:**

- Die Kinder halten den Ball mit beiden Händen vor dem Körper. Sie sollen dann den Ball etwas hochwerfen und den Ball etwa in Kniehöhe mit dem Vollspann mit mittlerer Stärke treffen. Der Ball soll dabei möglichst gerade nach vorn fliegen (diese Übungen werden am besten vor einem großen Tor durchgeführt, damit die Laufwege zum Ball nicht zu lang werden). Es werden beide Füße abwechselnd trainiert.

 # Dribbel-, Finten- und Torschussübungen usw.

- Diesmal soll der Ball mit dem Vollspann getroffen, senkrecht nach oben geschossen werden.

- Gleiche Übung, aber jetzt stehen die Spieler 2 – 3 Meter vor dem Tor und sollen den Ball hoch ins Netz schießen.

- Gleiche Übung wird jetzt mit höchster Intensität trainiert.

- Gleiche Übung, aber jetzt soll der Ball in Dropkickform getroffen werden.

- Jetzt wird ein Strafstoßschießen mit Vollspann geübt abwechselnd mit links und rechts und auf zwei Tore, damit eine Übungshäufigkeit garantiert ist. Auch wenn die Übungen mit dem schwachen Fuß wirklich sehr „erbärmlich" aussehen, trainieren wir in E- und D-Jugend beidfüßig.
„Was Hänschen nicht lernt, lernt Hans nimmer mehr", lautet hier die Devise.

**Diese Grundübungen oder andere, werden beim Training wiederholt eingesetzt, bis eine Grundtechnik vorhanden ist und dynamische Übungen sinnvoll eingesetzt werden können (für die nächsten Übungen Voraussetzung).**

- Wie in der Skizze auf Seite 78 dargestellt passt der erste Spieler mit Ball den Mittelfeldspieler an und läuft seinem Anspiel hinterher. Der Mittelfeldspieler spielt direkt zu dem Spieler an der Strafraumgrenze. Dieser lässt wieder abprallen, worauf der Mittelfeldspieler mit einem Torschuss abschließt. Die Entfernungen sollten der jeweiligen Schusskraft der Mannschaft angepasst sein!

 # Dribbel-, Finten- und Torschussübungen usw.

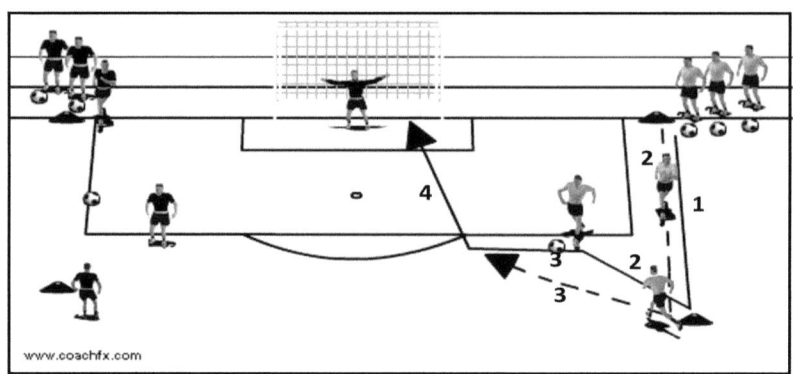

- Der Trainer steht mit vielen Bällen im Tor. Die Kinder stehen 20 Meter zentral vor dem Tor in einer Reihe. Der Trainer schießt den Ball leicht Richtung erstem Schützen, so dass er den Ball etwa 10 – 15 Meter vor dem Tor erwischt. Der Fußballer läuft dem Ball entgegen und soll ihn mit voller Wucht und Vollspann auf den Trainer abfeuern. Dieser versucht, auszuweichen und passt mit höchstmöglicher Geschwindigkeit auf den nächsten Schützen usw.

Danach wird die Übung leicht verändert, jetzt sollen die Kinder den Ball genau „in den Winkel" rechts oder links oben platzieren.

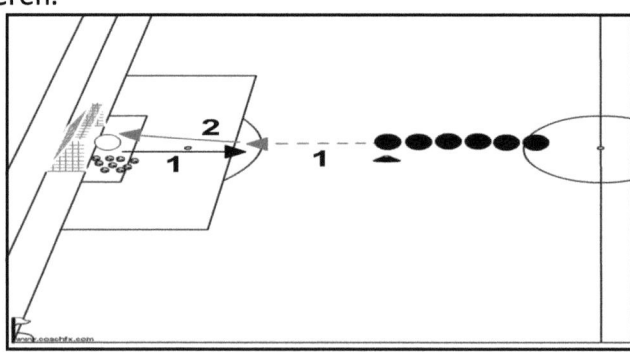

# Dribbel-, Finten- und Torschussübungen usw.

### Übungen für Doppelpass und sicheren Torschuss

- Bei der folgenden Übung trainieren wir direktes Spiel und den sicheren Torabschluss. Ein Tor wird mit einem Torwart besetzt. Bei einer hohen Spieleranzahl sollte auf zwei Tore trainiert werden.

Die Pylonen werden wie in der Zeichnung dargestellt, aufgestellt. An den Markierungshütchen A, B und C steht jeweils ein Spieler. Bei D stehen mehrere Spieler hintereinander.

A passt auf B, B spielt an C direkt weiter und C direkt in den Lauf von D, der mit einem Torschuss abschließt. Sofort nach dem Torschuss startet die nächste Runde und der zweite Spieler bei D beendet das Ganze wieder mit einem Torschuss. Die Schützen holen sich ihren Ball zurück und stellen sich wieder an der Pylone D hinten an.

Die jeweiligen Positionen werden relativ häufig getauscht.

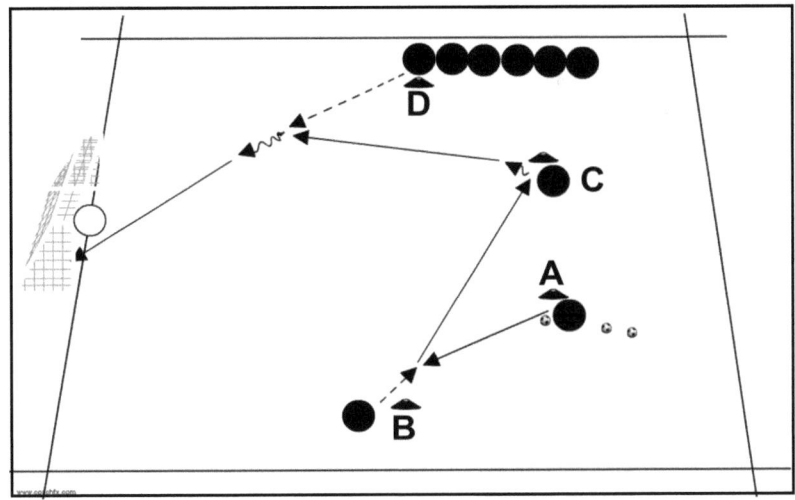

 # Dribbel-, Finten- und Torschussübungen usw.

- Ein Tor wird besetzt, der erste Spieler in der Reihe spielt nacheinander mit den festen Positionsspielern Doppelpass und schließt mit einem Torschuss aus 15 Metern ab.

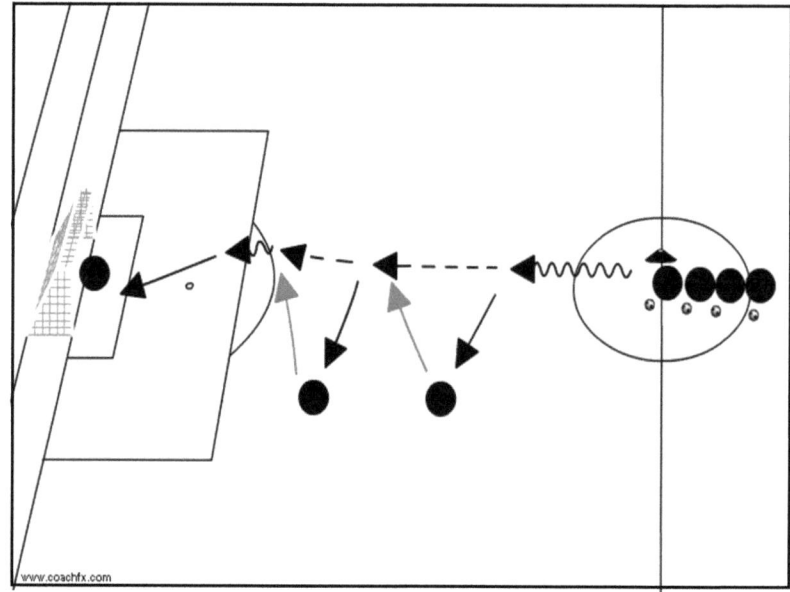

- Jetzt werden zwei oder vier Felder, wie in der Zeichnung abgebildet, erstellt, je nachdem ob die Übung an ein oder zwei Stationen trainiert wird. Die Tore sind besetzt. Im Feld des Torbereiches stehen zwei Abwehrspieler und zwei Stürmer. Im Mittelfeld spielen vier Angreifer in Ballbesitz gegen einen Abwehrspieler.
Sie müssen sich den Pass fünfmal direkt zuspielen (oder maximal zwei Ballkontakte). Der Abwehrspieler versucht dies zu verhindern.

# Dribbel-, Finten- und Torschussübungen usw.

Nach dem fünften erfolgreichen Pass, läuft der Ballbesitzer in das andere Feld (der Abwehrspieler darf ihn immer noch daran hindern) und sucht den schnellen Torabschluss mit den beiden Stürmern.
Alle anderen Spieler dürfen das hintere Feld nicht verlassen.
Sollte der Abwehrspieler in Ballbesitz kommen, darf er ungehindert in das andere Feld. Hier werden nun die Rollen getauscht, die Abwehrspieler werden zu Stürmern und umgekehrt.
Wehrt der Abwehrspieler den Ball gegen seine vier Gegenspieler ins „Aus" ab, beginnt die Übung von vorn.
Nach einem Angriff wird die Übung ebenfalls wiederholt.
Die Positionen werden natürlich regelmäßig getauscht.
Wird die Übung parallel an einer zweiten Station trainiert, gewinnt z.B. die Mannschaft, die zuerst drei Tore erzielt.

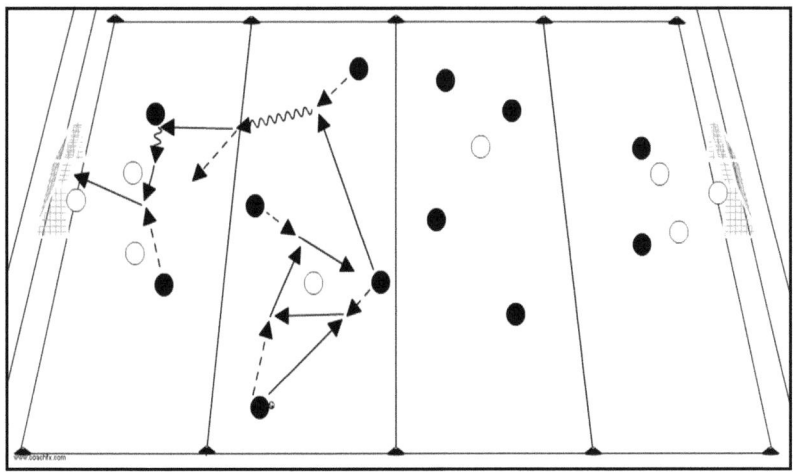

 # Dribbel-, Finten- und Torschussübungen usw.

### Kopfballtraining?

Ist es sinnvoll mit der F- und E-Jugend ein Kopfballtraining durchzuführen?
Ja, aber es wird anders als bei Jugendlichen trainiert.

### Elementares Kopfballtraining für F- und E-Jugend

**Das Erlernen des Kopfballs wird mit Volleybällen oder anderen leichten Bällen eingeführt. Das soll den Kindern die Angst nehmen und Schmerzen sowie Verletzungen vermeiden.**
Denken wir nur daran, dass am Anfang der Ball sehr oft nicht mit der Stirn getroffen wird, und dass Nasentreffer äußerst unangenehm sind und zu Nasenbluten führen können.

- Die Fußballer werfen den Ball hoch und köpfen einmal oder mehrmals hintereinander.

- Die Spieler werfen sich gegenseitig den Ball zu und köpfen zurück.

- Jetzt wird versucht in der Zweiergruppe, direkt hin- und herzuköpfen.

- Die Übung wird zur Dreiergruppe ausgedehnt.

- Ein Spieler steht auf der Torlinie, der andere 6 – 7 Meter entfernt. Der Spieler im Tor wirft den Ball zu, der andere versucht ins Tor zu köpfen.

## Dribbel-, Finten- und Torschussübungen usw.

- Ein dritter Fußballer kommt hinzu. Er wirft den Ball von der Seite und der Spieler vor dem Tor versucht, den Ball ins Tor zu köpfen.

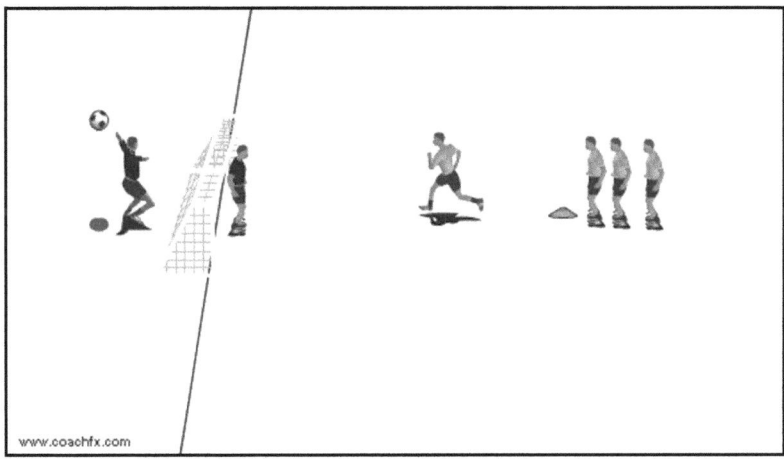

Diese Übung trainiert zusätzlich die Reaktionsfähigkeit des Torhüters.

Ein Spieler, der hinter dem Tor steht, wirft den Ball den Mitspielern zu. Diese haben die Aufgabe, den Ball ins Tor zu köpfen. Der Spieler, der den Ball geköpft hat, stellt sich hinten wieder an.

**Variation:** Der Spieler hinter dem Tor wirft den Ball mit einem Einwurf zu, so kann direkt ein Einwurftraining mit trainiert werden.

 # Dribbel-, Finten- und Torschussübungen usw.

**Flankentraining auch mit Kopfballabschluss**

**Merke:** Die Bälle werden nicht besonders hart aufgepumpt. Sollte der Ball beim Kopfballversuch nicht mit der Stirn, sondern mit dem Gesicht getroffen werden, ist der Schmerz für die kleinen Fußballer relativ gering. So kann man die Angst vor weiteren Kopfballversuchen bei den Kindern vermeiden.

## Komplexe Übungen

Die erste beschriebene Übung ist nur für die ältere E-Jugend geeignet. Die folgenden Übungen sind für F- und E-Jugend gleichermaßen durchführbar.

- Bei dieser interessanten Übung können wir die gesamte Mannschaft sinnvoll beschäftigen und vielfältige technische Trainingsreize setzen.

**Übungsaufbau:** siehe nächste Seite.

**Übungsablauf:** A spielt den weiten Pass zu B, der zu C weiterpasst. Nach einer kurzen Ballkontrolle spielt C Spieler D in den Lauf. Dieser nimmt den Ball im vollen Lauf an und dribbelt zur Torauslinie und flankt den Ball in den Strafraum.

Zwei Stürmer versuchen gegen einen Torwart und einen Abwehrspieler ein Tor zu erzielen.
Nach jedem Durchgang rücken die Spieler A bis D eine

 # Dribbel-, Finten- und Torschussübungen usw.

Position weiter.
Natürlich werden auch die Stürmer und Abwehrspieler gelegentlich getauscht.

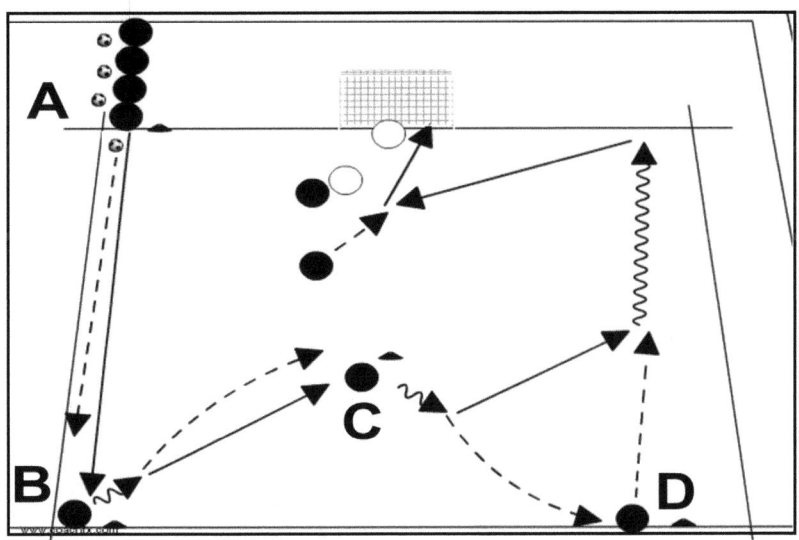

- Hier beschreiben wir eine leichte Eckballübung.
Die beiden Flankengeber stehen mit ihren Bällen weiter vom Tor entfernt an der Torauslinie und bringen abwechselnd Eckbälle herein.
Die Entfernung wird so gewählt, dass alle Spieler brauchbare Flanken hereinbringen können. Ein Spieler steht im Tor mit Unterstützung eines Abwehrspielers. 20 Meter zentral vor dem Tor stehen die Kinder in Zweiergruppen hintereinander. Wenn sie gemeinsam Richtung „Tor" laufen erfolgt eine Flanke von links oder rechts. Die beiden Spieler sollen nun irgendwie zum Torerfolg kommen (Direktabnahme, Kopfball,

 # Dribbel-, Finten- und Torschussübungen usw.

Dribbling oder Abspiel), der Abwehrspieler und der Torwart sollen sie daran hindern. Nach dieser Aktion wird der Ball zum Flankengeber zurückgepasst. Das nächste Paar startet und die vorherige Zweiergruppe stellt sich in der Reihe hinten wieder an.
Nach einiger Zeit werden die Positionen natürlich wieder getauscht.

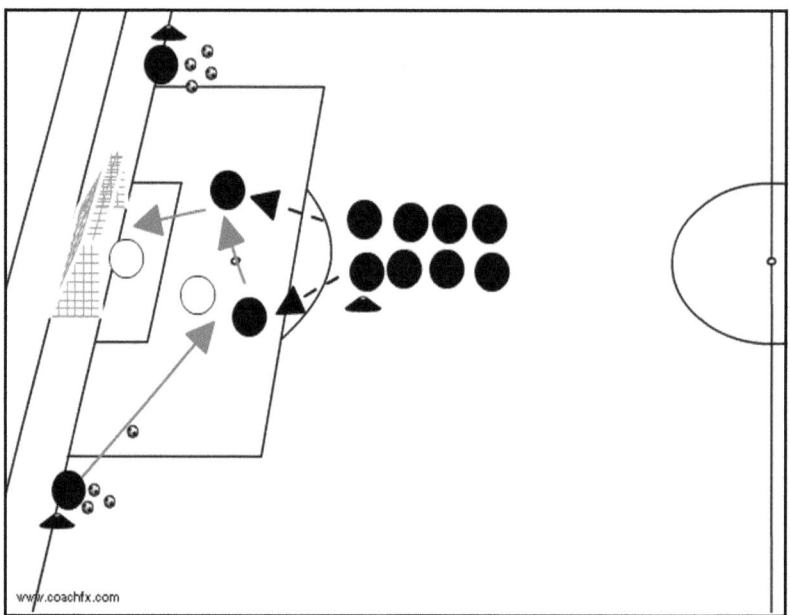

- Die nächste Übung ist anspruchsvoller und schult das beidbeinige Flankentraining.
Es werden 3 Gruppen gebildet, wobei die Positionen nach einiger Zeit getauscht werden. Die Spieler in der Mitte erhalten jeweils einen Ball. Der erste Spieler mit Ball spielt

# Dribbel-, Finten- und Torschussübungen usw.

diesen in den Lauf des Flankengebers. Dieser durchdribbelt den Hütchenparcour, dribbelt weiter bis zur Toraußenlinie und flankt den Ball auf den mitgelaufenen Mittelspieler. Dieser versucht die Flanke zu verwerten. Jetzt erfolgt die nächste Flanke von der anderen Seite, usw.

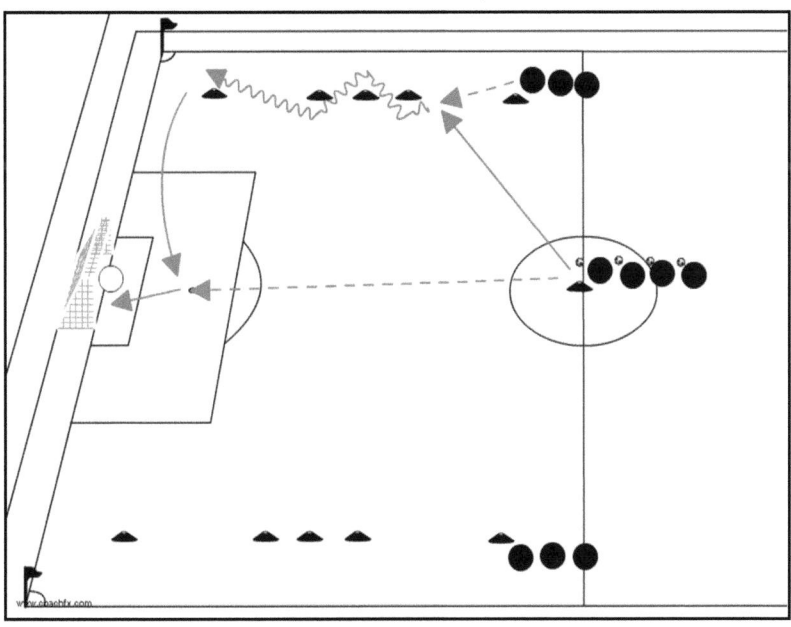

# Abschlussspiele in unterschiedlichster Form

**Abschlussspiele**

Die Abschlussspiele sollen in der F- und E-Jugend 30 bis 50 Prozent der Trainingseinheiten ausmachen.

**Was meinen wir mit Abschlussspiele?**

Ein „freies" letztes Abschlussspiel sollte in der Regel immer erfolgen, die taktischen Anweisungen sind hier sehr begrenzt oder fehlen komplett. Der Trainer oder die Trainerin fungiert als Schiedsrichter, Streitschlichter, Ratgeber usw.
In der F-Jugend sollten zwei Abschlussspiele eingebaut werden, eines mit einer leichten taktischen Vorgabe und ein komplett „freies" Abschlussspiel. Das Abschlussspiel mit der taktischen Vorgabe wird auf 5 bis 10 Minuten begrenzt (F- und auch E-Jugend). Wir dürfen nicht vergessen, dass wir es immer noch mit Kindern zu tun haben, und die wollen spielen, spielen, spielen. Bei zu langen taktischen Vorgaben, verliert diese Altersgruppe schnell den Spaß am Fußball, und das wollen wir nicht.
In der E-Jugend sollten 2 - 3 Abschlussspiele durchgeführt werden. Und nur das letzte davon ist ein „freies" Abschlussspiel. Die anderen Spiele beinhalten zusätzliche Aufgaben in Bezug auf Kondition, Technik und/ oder Taktik.
Die Abschlussspiele werden in der F- und E-Jugend den kognitiven und technischen Fähigkeiten angepasst.

Vermieden werden sollten Abschlussspiele, in denen die Kinder sich selbst überlassen sind. Schnell werden zwei

 # Abschlussspiele in unterschiedlichster Form

Mannschaften gebildet, die ohne jede taktische Anweisungen gegeneinander spielen. Vielleicht geht der Trainer oder die Trainerin schon duschen, fährt früher nach Hause (beides grob fahrlässig) oder hält mit anderen Trainer/in ein Schwätzchen, die Kinder bleiben sich selbst überlassen (verantwortungsloses Verhalten).

**Abschlussspiele mit leichten taktischen oder technischen Vorgaben für F- und E-Jugend**

- Der Ball darf nur mit dem linken Fuß geführt, gepasst oder geschossen werden (Kopfball ist natürlich erlaubt). Diese Vorgabe sollte auf fünf Minuten begrenzt bleiben.

- Der Ball darf nur mit dem rechten Fuß geführt, gepasst oder geschossen werden (Kopfball ist natürlich erlaubt). Diese Vorgabe sollte auf fünf Minuten begrenzt bleiben. Diese Vorgabe macht allerdings nur Sinn, wenn Spieler mit einem „starken linken" Fuß in der Mannschaft sind.

- Der Ball darf nur nach vorn gespielt oder gedribbelt werden.

- Wer ein Tor schießt, muss ins Tor bis zum nächsten Torerfolg.

- Eine Mannschaft spielt in Überzahl von mindestens zwei Spielern. Nach zwei bis drei Minuten spielt die andere Mannschaft in Überzahl, allerdings auch nur für zwei bis drei Minuten.

 **Abschlussspiele in unterschiedlichster Form**

- Eine Mannschaft spielt in Überzahl mit einer der schon aufgelisteten Vorgaben, auch hier wechselt sie wiederum nach 2 bis drei Minuten.

- Es wird ein Abschlussspiel auf vier Tore gespielt. Hierbei ist eine Spielzeit von 10 Minuten durchaus sinnvoll.

- Es wird ein Abschlussspiel auf vier Tore mit zwei Bällen gespielt. Die Bälle sind relativ leicht aufgepumpt, weil z.B. gleichzeitig zwei Schützen auf ein Tor schießen können. Jetzt halten sich die Schmerzen bei einem Körpertreffer in Grenzen.

 # Abschlussspiele in unterschiedlichster Form

### Abschlussspiele ab der E-Jugend

- Bei diesem ersten beschriebenen Abschlussspiel trainieren wir den schnellen Angriff in Überzahl und den Konter. Gespielt wird auf zwei besetzte Tore. Die angreifende Mannschaft stellt vier Stürmer, die abwehrende drei Verteidiger.
Bei der verteidigenden Mannschaft stehen vier Spieler außerhalb des Spielfeldes neben dem Tor, bei der angreifenden Mannschaft drei Spieler außerhalb neben ihrem Tor (siehe Skizze auf der nächsten Seite).

**Übungsablauf:**
1. Der Angriff muss innerhalb von zwei Minuten abgeschlossen sein, ansonsten müssen die Angreifer vom Feld und die drei wartenden Mitspieler werden zu Verteidigern.
Die wartenden vier Spieler werden jetzt zu Stürmern und bekommen den Ball usw. Jeder Angriff wird aber immer wieder auf zwei Minuten begrenzt.

2. Erlangen die Abwehrspieler den Ball, müssen sie sofort einen Konter einleiten und dürfen nur nach vorne laufen oder dribbeln. Sie suchen also den bedingungslosen Torabschluss.

3. Beenden die Stürmer mit einem Torabschluss, wechselt natürlich auch das Angriffsrecht mit den jeweils neuen Spielern.

 # Abschlussspiele in unterschiedlichster Form

Ecken und Freistöße werden ausgeführt, wenn sie innerhalb der zwei Minuten stattfinden.

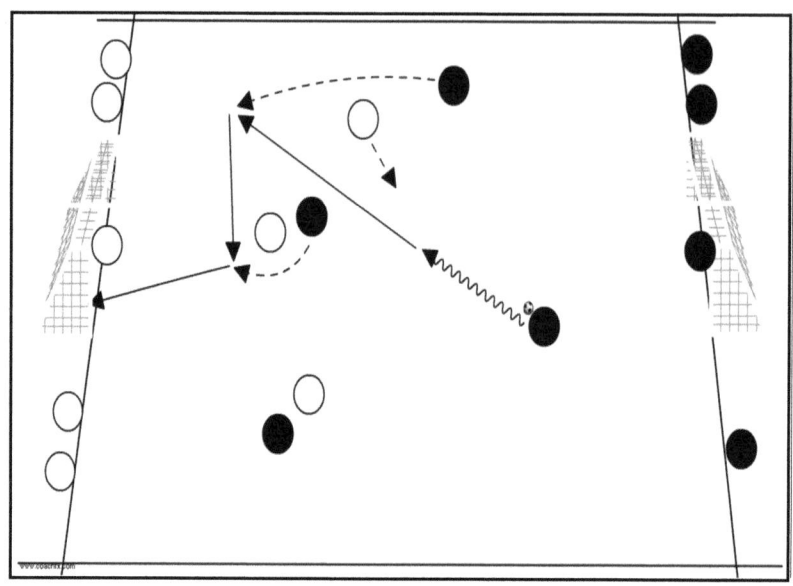

**Abschlussspiel mit Dribbelaktion**

Es wird ein Feld von 40 x 30 Meter abgesteckt. Ebenfalls wird eine mittlere Zone von 20 x 30 Meter markiert. Es werden zwei Mannschaften gebildet mit je einem Torwart, einem Abwehrspieler in der Abwehrzone und 4 – 6 Spieler je Mannschaft in der mittleren Zone.

**Ablauf:** In der mittleren Zone spielen 4 gegen 4, 5 gegen 5 oder 6 gegen 6. Schafft es nun ein Spieler über die Grundlinie der mittleren Zone auf das gegnerische Tor zu dribbeln, muss

# Abschlussspiele in unterschiedlichster Form

er nun 1 gegen 1 gegen den Verteidiger den Torabschluss suchen. Der Stürmer darf dribbeln oder auch direkt schießen. Der Torwart darf auch aktiv eingreifen, und seine Torlinie verlassen.

Egal wie das Endresultat ausgeht, die verteidigende Mannschaft bekommt dann den ersten Ballbesitz in der mittleren Zone, Ecken werden nicht ausgespielt.

**Variationen**

- Der Stürmer ruft den Namen eines Mitspielers aus der mittleren Zone, der ihn bei dem Angriff in der Verteidigungszone des Gegners unterstützen darf.

- Jetzt darf auch der Verteidiger einen Spieler zur Verstärkung rufen, so bald ein Angreifer in seine Zone eindringt.

- Distanzschüsse aus der Mittelzone werden erlaubt.

- Der Torwart darf die Torlinie nicht verlassen.

- Es wird ohne Verteidiger gespielt, der Angreifer spielt also 1 gegen 1, wenn er in die Verteidigungszone eindringt.

- Es dürfen insgesamt drei Angreifer in die Verteidigungszone eindringen, gegen einen Verteidiger und einen Torwart, aber die Stürmer dürfen ausschließlich mit ihrem „schwächeren" Fuß spielen.

# Abschlussspiele in unterschiedlichster Form

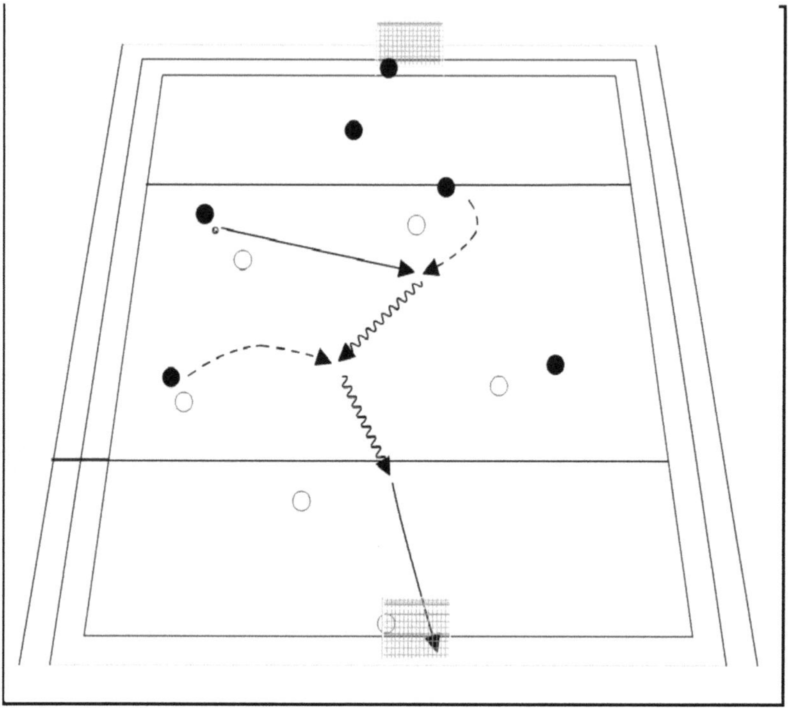

 # Abschlussspiele in unterschiedlichster Form

- Es werden zwei Mannschaften mit jeweils einem festen Torwart gestellt.
Die Anzahl der Feldspieler beträgt 5 – 7 pro Mannschaft.

**Übungsablauf:**
1. Eine Mannschaft spielt auf das Tor mit dem Angriffsfeld. Schießt sie ein Tor mit einem Distanzschuss außerhalb des Angriffsfeldes, wird dieses Tor doppelt gewertet.

2. Dribbelt die Mannschaft in das Angriffsfeld und erzielt dann ein Tor, zählt dieses auch doppelt. Alle anderen Tore, auch die der gegnerischen Mannschaft (diese spielt ja auf kein Angriffsfeld), zählen einfach.

3. Nach zehn Minuten werden die Seiten gewechselt und die andere Mannschaft spielt auf das Tor mit dem Angriffsfeld. Sieger nach 20 Minuten ist natürlich die Mannschaft mit den meisten Torpunkten (hier Torpunkte, weil manche Tore ja doppelt zählen).

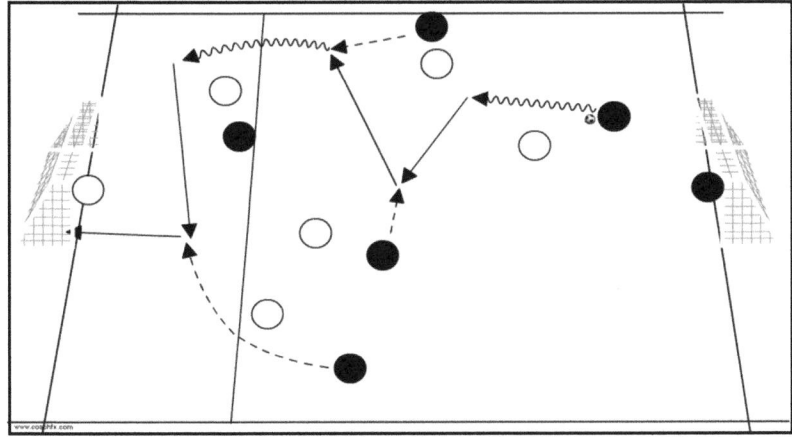

 # Abschlussspiele in unterschiedlichster Form

### Geteilte Mannschaften

Es wird ein Feld von etwa 25 x 20 Meter markiert bei 4 gegen 4 Spieler, bei 5 gegen 5 oder 6 gegen 6 wird das Feld auf 30 x 25 Meter erweitert. Ebenfalls stehen zwei unbesetzte Tore bereit. Die Mannschaften bestehen jeweils aus zwei Gruppen (vier bis sechs Spieler). Die Mannschaftsteile bekommen die Namen 1a und 1b, und die zweite Mannschaft die Namen 2a und 2b. Sie verteilen sich jeweils links und rechts neben dem eigenen Tor.

**Ablauf:** Der Trainer oder die Trainerin ruft z.B. die Mannschaftsteile 1a und 2b auf. Die Spieler laufen ins Feld und spielen nun gegeneinander mit einem festen Torwart. Beim ersten Spiel liegt der Ball in der Spielfeldmitte. Nach zwei Minuten ruft der Trainer/in z.B. „2b durch 2a ersetzen". Jetzt muss die Mannschaft 2b sofort das Feld verlassen und wird durch 2a ersetzt. Danach ruft der Trainer oder die Trainerin z.B. „1a durch 1b ersetzen und 2a durch 2b ersetzen." hier werden also zwei Mannschaftsteile gleichzeitig ausgetauscht.
Diese Übung macht den kleinen Fußballern einen Riesenspaß, und kann getrost bis zu zwanzig Minuten gespielt werden. Diese Spielform kann auch in der F-Jugend ausprobiert werden.
**Tipp:** Der Austausch der Mannschaftsteile empfiehlt sich gut bei anstehenden Standardsituationen wie Einwurf, Freistoß und Eckball.

# Abschlussspiele in unterschiedlichster Form

### Variationen

- Es wird nicht mit einem „festen" Torwart gespielt, sondern der „letzte" Mann wird automatisch zum Keeper.

- Die Mannschaftsteile bestehen aus unterschiedlich vielen Spielern, so kann eine Unter- und Überzahl dieser im Spiel erreicht werden. Mögliche Kombinationen wären z.B. 4 gegen 5, 5 gegen 4, 4 gegen 4 und 5 gegen 5. Hierbei hat jede Mannschaft einen Mannschaftsteil von 4 und 5 Spielern.

- Jeder Spieler darf nur mit seinem „schwachen" Fuß spielen. Allerdings sollte die Zeit hier auf zwei Minuten Spielzeit pro Spieler begrenzt bleiben.

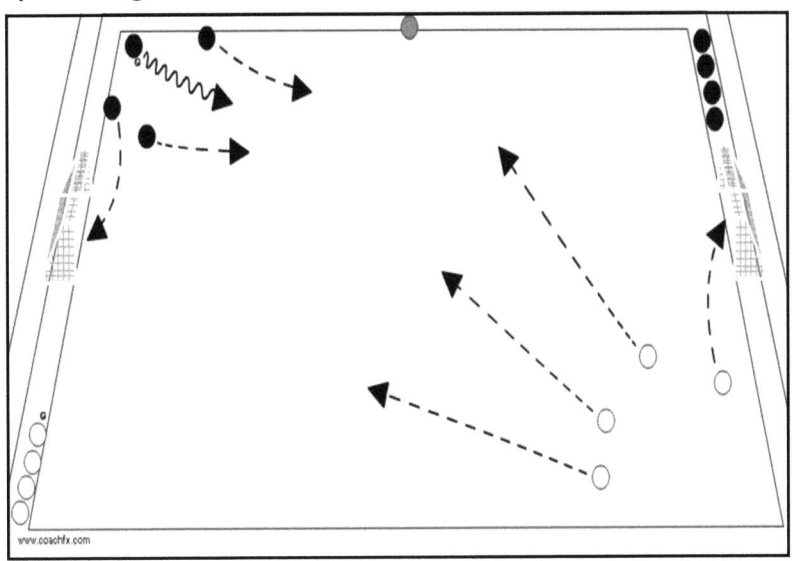

# Abschlussspiele in unterschiedlichster Form

**Nur Doppeltore zählen**

Es wird ein Feld von 40 x 25 Meter mit zwei Toren aufgebaut. Gleichmäßig im Feld, aber mindestens 10 Meter von den Toren entfernt, werden 6 Hütchen aufgestellt. Auf diese Pylonen wird oben jeweils ein Ball postiert.
Nun werden zwei Mannschaften mit einem „festen" Torwart gebildet. Die Mannschaften setzen sich aus jeweils 5 bis 6 Spielern zusammen.

**Ablauf:** Es wird ein ganz normales Fußballspiel ausgetragen, bis auf einen Unterschied. Bevor eine Mannschaft ein reguläres Tor erzielen darf, muss zuvor ein Hütchen mit Ball umgeschossen werden, oder nur der Ball von diesem. Der Trainer oder die Trainerin entfernt die entsprechende Pylone mit Ball vom Spielfeld. Die Mannschaft mit dem „Treffer" kann nun auf das gegnerische Tor stürmen, und einen regulären Treffer erzielen. In der Zwischenzeit kann nun natürlich auch der Gegner eine Pylone „zusammenschießen", und ebenfalls ein reguläres Tor erzielen.
Wurde ein Tor erzielt, muss erneut ein Hütchen „abgeschossen" werden, bevor ein weiteres reguläres Tor erzielt werden darf. Die jeweils gegnerische Mannschaft darf natürlich die Pylonen mit Ball vor einem Abschuss schützen.
Wurde ein Hütchen getroffen, darf natürlich kein weiterer Abschuss erfolgen, bevor ein regulärer Treffer erzielt wurde.
Bei einer nicht regulären „Zerstörung" einer Pylone mit Ball muss der betreffende Spieler diese wieder aufbauen.
Nach Abschuss aller Hütchen geht es mit einem „normalen" Spiel weiter.

# Abschlussspiele in unterschiedlichster Form

### Variationen

- Auf dem Feld werden anstatt der Pylonen 6 kleine Tore mit ganz flachen Markierungshütchen aufgebaut. Die Breite der Tore beträgt etwa einen Meter. Bevor ein Tor erzielt werden darf, muss durch diese Tore ein Pass zu einem Mitspieler stattfinden.

- Alle Utensilien werden nun vom Platz entfernt. Ein Tor darf aber erst erzielt werden, nachdem ein „richtiger" Doppelpass gespielt wurde. D.h., der Doppelpass zählt nicht bei einem direkten Spiel auf kurzer Entfernung in der eigenen Hälfte ohne gegnerische Störung. Der Trainer/in gibt also bei einem zählbaren Doppelpass seine Zustimmung.

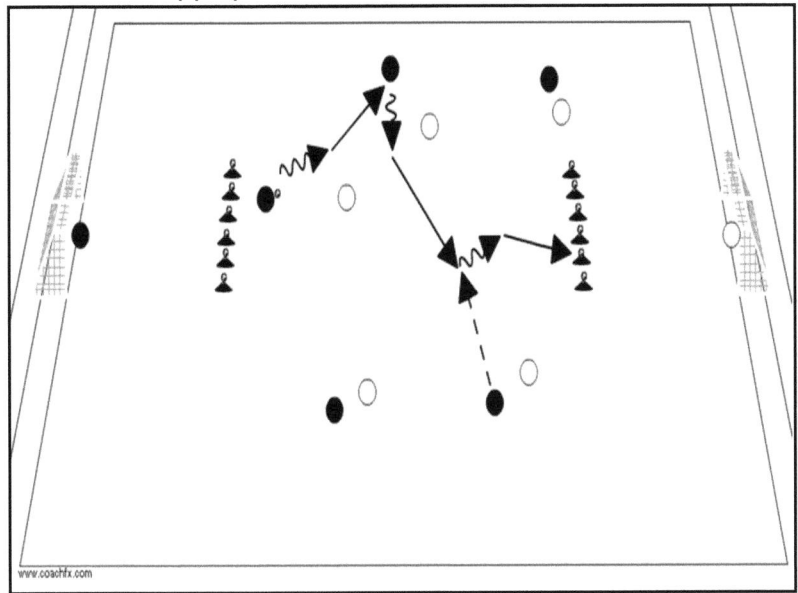

 # Abschlussspiele in unterschiedlichster Form

- Bei dem folgenden Abschlussspiel wird sehr stark die fußballspezifische Ausdauer trainiert.
Mehrere kleine Tore mit Pylonen werden in einer Spielfeldhälfte aufgebaut. Es spielen mindestens „6 gegen 6". Der Ball soll durch ein Tor gespielt werden, wobei ein Mitspieler diesen Ball hinter dem Tor annehmen muss, damit ein reguläres Tor erzielt wird. Die Spieldauer beträgt etwa 10 Minuten.
Der Trainer muss darauf achten, dass alle Spieler ständig in Bewegung sind, und nicht permanent hinter einem Tor auf das Anspiel warten.

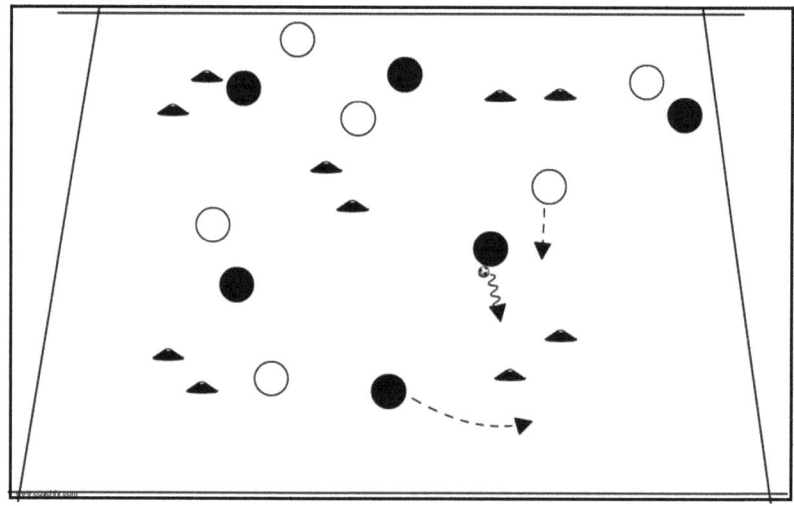

- Bei der nächsten Übung wird 5 bis 7 gegen 5 bis 7 auf ein großes und 2 besetzte kleine Tore gespielt (siehe nächste Seite). Erobert eine Mannschaft den Ball in der eigenen Spielfeldhälfte, müssen in dieser erst vier Pässe gespielt werden, bevor in die gegnerische Hälfte gepasst werden darf.

 **Abschlussspiele in unterschiedlichster Form**

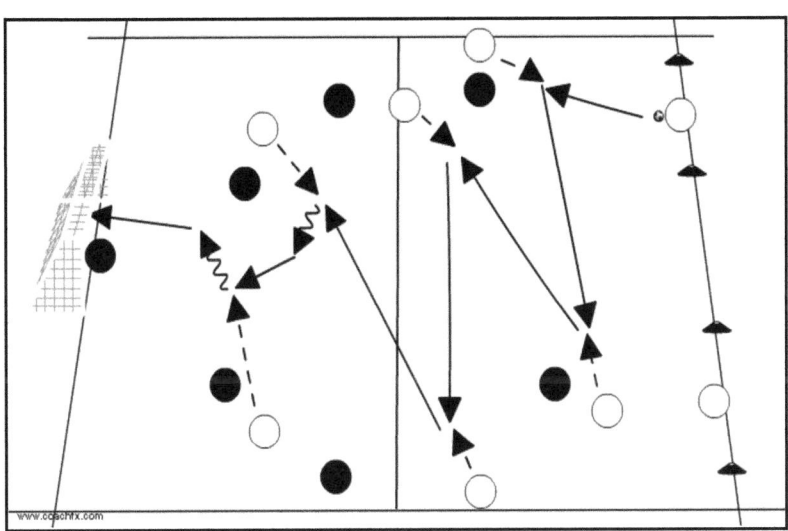

- In dem nächsten Abschlussspiel trainieren wir den Konter und das schnelle Umschalten von Abwehr auf Angriff.

**Übungsaugbau:** Halbes Spielfeld (hier ist natürlich auch ein 6 gegen 5 oder 7 gegen 5 möglich). Ein Tor an der Grundlinie und 2 Hütchentore an der Mittellinie (siehe nächste Seite).

**Übungsablauf:** Die Mannschaft in Überzahl muss nach 4 Pässen ohne Torerfolg den Ball an die gegnerische Mannschaft abgeben.
Hier sollen schnelle Pässe gespielt werden!!! Querpässe sollten vermieden werden, Rückpässe sind verboten.
Den Spielern muss hier das schnelle Umschalten von Abwehr auf Angriff klar gemacht werden.

 ## Abschlussspiele in unterschiedlichster Form

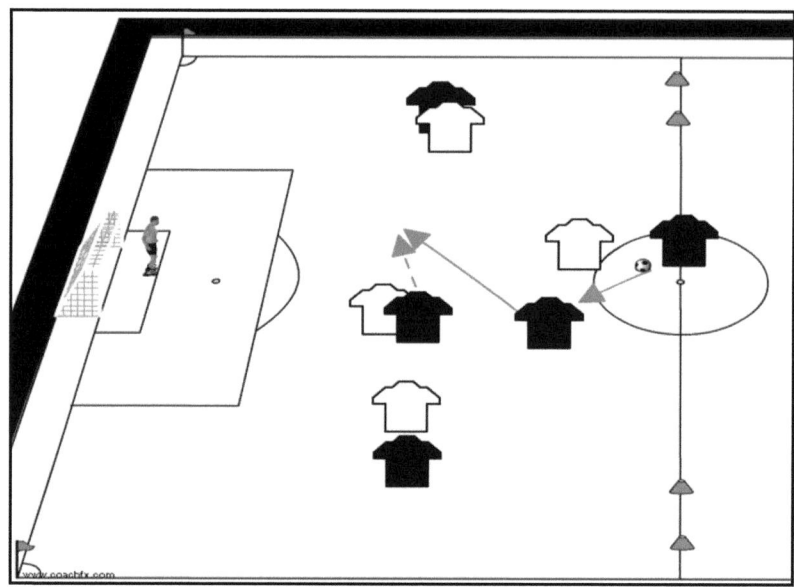

- Weitere Übung zur Schulung des Konterspiels.

**Übungsaufbau:** siehe nächste Seite
- Ganzes Spielfeld
- 2 Teams mit jeweils 5-7 Spielern bilden
- Alle Spieler befinden sich in einer Hälfte, dessen Tor nicht besetzt ist.

**Übungsablauf:**
Die beiden Mannschaften spielen „auf Ballhalten" gegeneinander in einer Spielfeldhälfte.
Auf ein Trainerkommando versucht die Mannschaft in Ballbesitz einen schnellen Konter auf das mit einem Torwart besetzte Tor.
Die andere Mannschaft versucht den Konter abzufangen.

 **Abschlussspiele in unterschiedlichster Form**

Nach dem Torschuss oder dem Abfangen des Konters beginnt das Spiel wieder in der Hälfte ohne Torwart.

Diese Übung kann auch in kleineren Gruppen absolviert werden, indem die rechte Spielfeldhälfte mit Hütchen verkleinert wird.

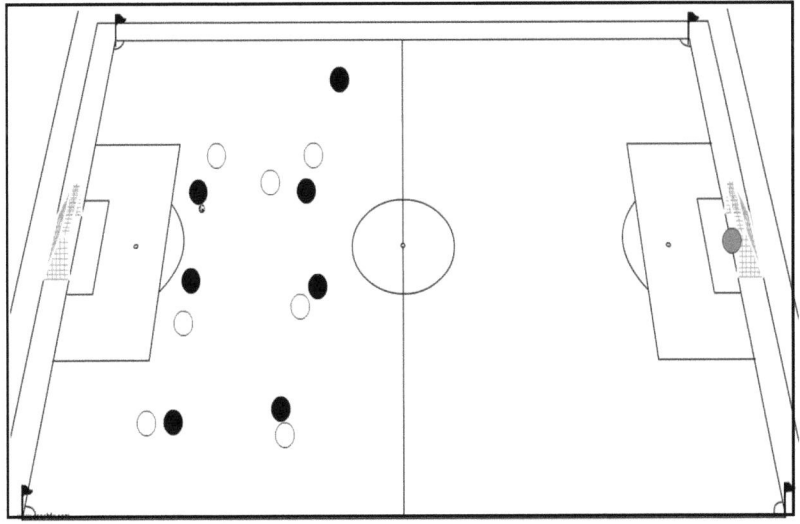

- Bei der nächsten Übung werden wieder zwei Mannschaften gebildet, die auf zwei große und besetzte Tore Spielen. Jede Mannschaft besitzt einen Flügelstürmer, die außerhalb des Spielfeldes mit Bällen stehen (siehe nächste Seite).
Der erste Außenstürmer dribbelt in Richtung Torauslinie und flankt hoch oder flach in den Strafraum.

Hierauf erfolgt ein normales freies Spiel, bis der Ball ins Aus oder ins Tor geschossen wird.

 # Abschlussspiele in unterschiedlichster Form

Nun tritt der Flügelstürmer der gegnerischen Mannschaft mit der gleichen Aktion auf das andere Tor in Aktion usw.

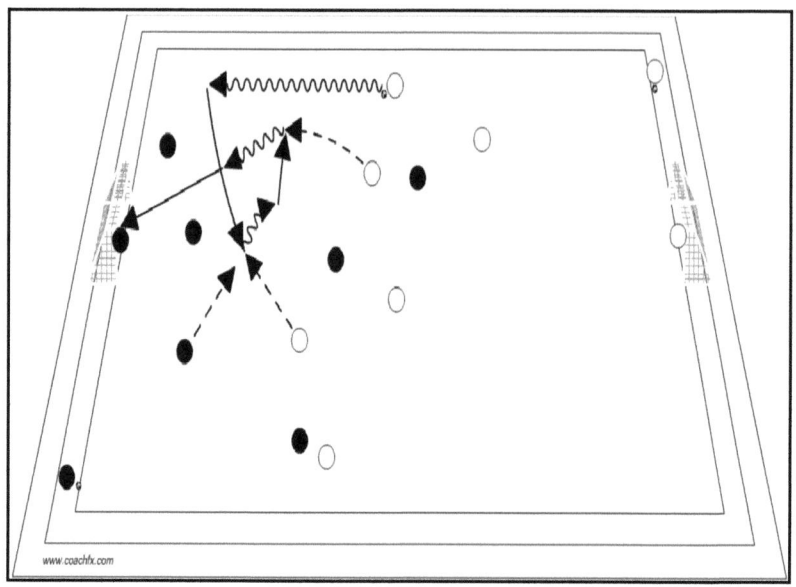

- Jetzt wird ein normales „freies Spiel" durchgeführt. Die Mannschaft, die ein Tor kassiert, absolviert 5 Liegestütze und 5 halbe Kniebeugen.

- Es wird z.B. 7 gegen 5 auf zwei besetzte Tore gespielt. Die Mannschaft in Überzahl darf nur mit jeweils drei Ballkontakten spielen. Nach einigen Minuten bekommt die andere Mannschaft die Überzahl und maximal drei Ballkontakte zugesprochen.
Diese Übung ist sehr anspruchsvoll und sollte maximal 2 x 5 Minuten gespielt werden, bevor das „freie Spiel" an die Reihe kommt.

 # Konditionsübungen für E-Jugend/ F-Jugend

Die Kondition setzt sich aus fünf motorischen Hauptbeanspruchungsformen zusammen:

- Schnelligkeit
- Kraft
- Ausdauer
- Koordination
- Flexibilität

Alle diese Komponenten werden sportartspezifisch trainiert. Ein Gewichtheber setzt natürlich den Trainingsschwerpunkt auf Kraft- und Schnellkraftübungen. Der Fußballspieler trainiert hingegen überwiegend die fußballspezifische Ausdauer, Antrittsschnelligkeit, fußballspezifische Koordination und Technik.

Die Kondition wird bei den E-Junioren und F-Junioren überwiegend in Kleinfeldspielen trainert. Andere Trainingsformen stellen wir anschließend kurz vor, die im E-Jugend- und F-Jugendbereich durchaus eingesetzt werden können. Wir müssen hier aber ausdrücklich betonen, dass bei allen Trainingsübungen bereits Bereiche der fußballspezifischen Kondition mittrainiert werden.

**- Ausdauer**
Bei den E-Junioren und F-Junioren wird kein spezielles Ausdauertraining durchgeführt. Hier gibt es keine Rundenläufe auf der Aschenbahn, kein Fahrtspiel, keine Minuten- oder Waldläufe usw.

 # Konditionsübungen für E-Jugend/ F-Jugend

**- Kraft**
Logischerweise wird im Training nie ein Krafttraining eingebaut.

**- Schnelligkeit**
Diese wird in der Regel spielerisch mit kleinen Laufübungen und leichten Sprungübungen trainiert. Die Schnelligkeitsausdauer wird bei den E- und F-Junioren selten und nur über relativ kurze Strecken trainiert. Lange Sprints über 50 Meter oder sogar 100 – 400 Meter Läufe werden nie verlangt.

**- Flexibilität**
In dieser Altersgruppe wird kein spezielles Beweglichkeitstraining absolviert. Die Kleinen trainieren durch das normale Fußballtraining ihre Flexibilität schon optimal.

**- Koordination**
Auch die Koordination und die Technik (Koordination in Verbindung mit dem Spielgerät „Ball") werden in dieser Altersgruppe überwiegend spielerisch geschult.

 # Konditionsübungen für E-Jugend/ F-Jugend

**1. Übung zur Schulung der Reaktions- u. Antrittsschnelligkeit für E- und F-Junioren ohne Ball:**
Die kleinen Fußballer sitzen nebeneinander in einer Reihe. Der Abstand zu den Nachbarn beträgt etwa einen Meter. Auf ein Trainerkommando sprinten die Spieler in eine Zone die 10 – 15 Meter vor ihnen liegt. Der Anfang der Zone wird z.B. durch eine normale Spielfeldlinie festgelegt. Sofort hinter dieser Linie sollen sie sich wieder setzen. Wer sitzt als erster Sprinter hinter der Linie?

- Beim nächsten Durchgang liegen die Kinder auf dem Bauch und der gleiche Wettkampf wird durchgeführt, während der dritten Runde liegen sie auf dem Rücken usw.

- Beim letzten Durchgang laufen alle Kinder rückwärts um die Wette in die andere Zone. Dieser abschließende Wettkampf sollte nur auf einem Rasenplatz ausgetragen werden, da ein Sturz auf einem harten Boden Verletzungen mit sich führen kann. Wir denken hier an einen Sturz auf den Hinterkopf.

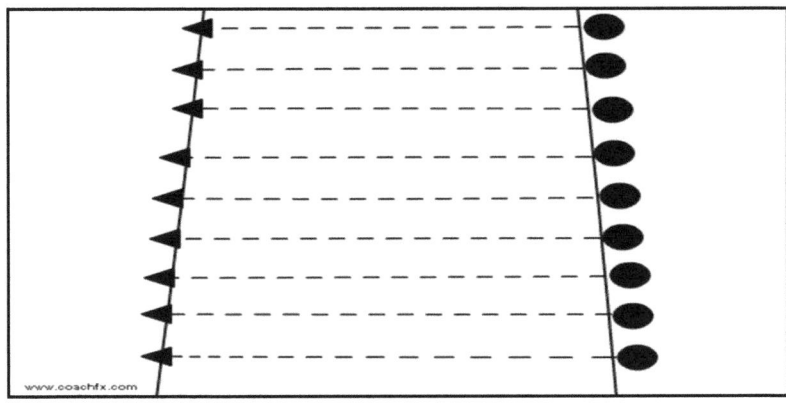

# Konditionsübungen für E-Jugend/ F-Jugend

**2.** Es werden zwei Mannschaften gebildet, die nebeneinander etwa mit einem Abstand von 5 Meter stehen. Die ersten Läufer der jeweiligen Mannschaft stehen jeweils 20 Meter mit festen Markierungen auseinander, die gegnerische Mannschaft parallel dazu.

Auf Kommando des Trainers oder der Trainerin laufen die Startläufer der beiden Mannschaften los. Die Markierungen befinden sich etwa 2 Meter vor jedem Läufer (z.B. zwei kleine Pylonen parallel und ein Meter auseinander).

Sobald ein Läufer durch die beiden Pylonen läuft, ruft er „LOS" und der Nächste startet.

Die Mannschaft, die den letzten Läufer am schnellsten durch das letzte Pylonenpaar bekommt, ist natürlich Sieger.

Hierbei wird die Sprintbeschleunigung und die Reaktionsschnelligkeit auf ein akustisches Signal hin trainiert.

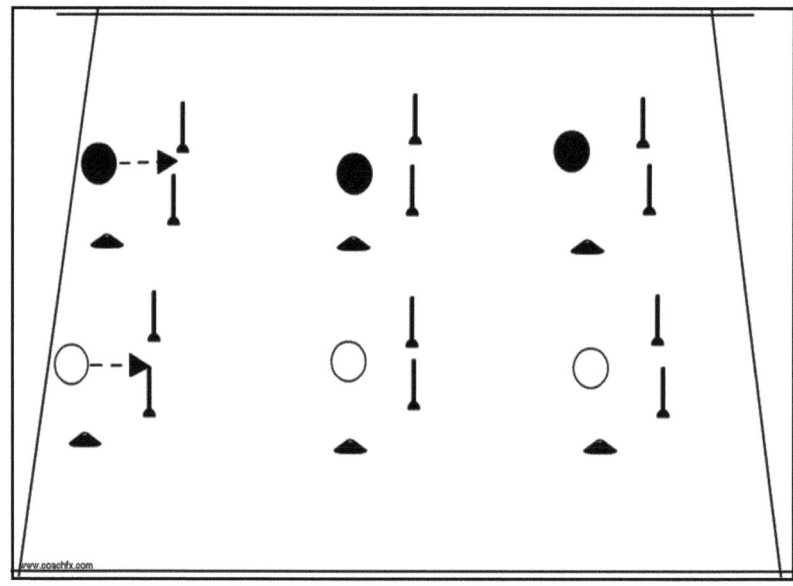

# Konditionsübungen für E-Jugend/ F-Jugend

**3.** Jetzt liegen alle Läufer in gleicher Entfernung zueinander. Der Startläufer läuft wieder auf ein Kommando los. Erst, wenn er den folgenden Sprinter auf den Rücken klopft, darf dieser aufspringen und starten usw. (Training der Sprintbeschleunigung und der Reaktionsschnelligkeit auf ein taktiles Signal hin).

**4.** Gleiche Übung, aber jetzt dürfen die Läufer erst loslaufen, wenn der eigene Läufer an ihnen vorbeigelaufen ist. Alle Sprinter dürfen nur ganz nach vorn schauen (hierbei wird die Sprintbeschleunigung und die Reaktionsschnelligkeit auf ein visuelles Signal hin trainiert).

**5.** Ein letztes Mal wird der Wettkampf durchgeführt, aber jetzt in einer echten Staffelform (keinen harten Gegenstand verwenden, wir reduzieren jedes Risiko eines Unfalls). Der Startläufer läuft wieder los und muss in einem Raum von etwa 5 Meter Länge z.B. ein Band an den Nächsten übergeben usw. Der übernehmende Läufer soll schon starten bevor er das Band bekommt, damit er schneller mit diesem weiterlaufen kann (wie eine echte Leichtathletikstaffel). Alles muss aber in dem abgesteckten Raum ablaufen (Training der Sprintbeschleunigung und der Grundschnelligkeit).

 # Konditionsübungen für E-Jugend/ F-Jugend

**Übung zur Schulung der fußballspezifischen Ausdauer, Technik etc.**

Die nun beschriebene Übung kann bereits ab Bambini gespielt werden. Es wird ein Kleinfeld abgesteckt mit zwei Jugendtoren. Die Größe des Feldes richtet sich nach der Spieleranzahl. Es werden zwei Mannschaften gebildet, die außer dem Torwart durchnumeriert werden. Die Torleute und die Spieler mit der Nummer 1 und 2 jeder Mannschaft stehen direkt auf dem Spielfeld und spielen ganz „normal" 60 Sekunden gegeneinander. Die anderen Fußballer stehen hinter ihrem eigenen Tor und warten auf ihren Einsatz. Geht der Ball ins Aus, sorgt der Trainer oder die Trainerin sofort für einen Ersatzball. Spielpausen sollen somit weitgehend vermieden werden. Ecken, Einwürfe, Freistöße usw. werden ganz normal ausgeführt. Bei einem Torerfolg wird auf einen Anstoß von der Mittellinie verzichtet. Der besiegte Torwart befördert den Ball direkt wieder zu seinen Mitspielern.

Nach genau 60 Sekunden ruft der Trainer „3", und die beiden Spieler mit dieser Nummer unterstützen nun aktiv ihre Mannschaften. Nach weiteren 60 Sekunden ruft der Trainer „4" usw. Sind nun alle Spieler auf dem Spielfeld wartet der Trainer/in wieder 60 Sekunden. Jetzt ruft er „1", und die bertreffenden Spieler verlassen das Feld. Nach dem nächsten Zeitintervall ruft er „2" und die Spieler mit der Nummer 2 verlassen den Platz. Alle anderen „Nummern" werden so minutenweise in umgekehrter Reihenfolge vom Platz gerufen.

 # Konditionsübungen für E-Jugend/ F-Jugend

Die letzten beiden Feldspieler spielen dann noch 60 Sekunden gegeneinander, und das Spiel wird schließlich beendet.

In einem zweiten Durchgang werden die Torleute getauscht, und die Nummern anders vergeben. Nach unserer Erfahrung bereitet diese Spiel den Kindern immer eine riesige Spielfreude.

### Schnelligkeitsübung ab E-Jugend

Wir wiederholen hier noch einmal eine praxisnahe Schnelligkeitsübung, weil sie extrem wichtig ist, und gleichzeitig die Ballannahme im vollen Lauf und den Torschuss trainiert.

**Übungsablauf:** Die Kinder stehen etwa 45 – 50 Meter zentral vor dem Tor mit Torwart hintereinander in einer Reihe. Der Erste läuft an und beschleunigt submaximal (keine volle Beschleunigung), so dass er erst nach 20 Metern die höchste Laufgeschwindigkeit erreicht (bei voller Beschleunigung erreicht diese Altersgruppe die Höchstgeschwindigkeit schon nach 10 Metern). Die 20 Meter sind mit einem Pylonenpaar (parallel mit zwei Meter Abstand) markiert. Hier erreicht der Läufer seine Höchstgeschwindigkeit und hält diese über 10 Meter, dann durchläuft er ein zweites Hütchenpaar (gleich aufgestellt, etwa 10 Meter vom ersten Hütchenpaar entfernt), reduziert die Geschwindigkeit etwas und bekommt vom Trainer den Ball in den Lauf gespielt. Der kleine

# Konditionsübungen für E-Jugend/ F-Jugend

Fußballer soll nun den Ball mit dieser hohen Laufgeschwindigkeit verarbeiten, annehmen, kontrolliert vorlegen und mit einem wuchtigen Torschuss aus 10 – 15 Meter abschließen (je nach Schussstärke).

Nach diesem Torschuss startet der nächste Läufer, der Schütze befördert den geschossenen Ball wieder zum Trainer und stellt sich hinten in der Schlange wieder an.

Ist der Startläufer wieder an der Reihe, unterbricht der Trainer kurz und erklärt, welche Fehler gemacht wurden oder was noch besser gemacht werden kann (hier wird dann auch eine minimale Pausenlänge von zwei Minuten garantiert).

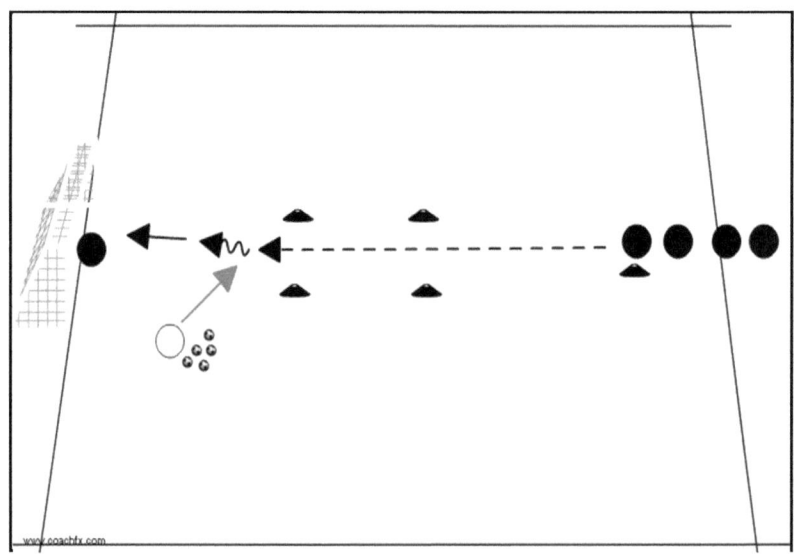

# Literaturverzeichnis

Claßen, M. / Schnepper, W.:
Taktiktraining im Kinderfußball, BOD, 2015

Schnepper, W. / Claßen, M.:
E-Jugend / D-Jugendtraining: effektive Übungen, BOD, 2014

Schnepper, W. / Claßen, M.:
F-Jugend / E-Jugendtraining: 20 komplette
Trainingseinheiten, BOD, 2013

Claßen, M. / Schnepper, W.:
Taktiktraining im Jugendfußball: aus der Praxis für die Praxis, BOD, 2011

 **Notizen**

 **Notizen**

 **Notizen**